N. V. GOGOL
THE OVERCOAT
Н.В. ГОГОЛЬ
ШИНЕЛЬ

EDITED WITH INTRODUCTION,
NOTES & VOCABULARY
BY J. FORSYTH

RUSSIAN
STUDIES

PUBLISHED BY BRISTOL CLASSICAL PRESS
GENERAL EDITOR: JOHN H. BETTS
RUSSIAN TEXTS SERIES EDITOR:
NEIL CORNWELL

First published in 1962 by Bradda Books Ltd
Published in 1984 by Basil Blackwell Ltd

This edition first published in 1991 by
Bristol Classical Press
an imprint of
Gerald Duckworth & Co. Ltd
The Old Piano Factory
48 Hoxton Square, London N1 6PB

Reprinted 1993

A catalogue record for this book is available
from the British Library

ISBN 1-85399-249-6

Available in USA and Canada from:
Focus Information Group
PO Box 369
Newburyport
MA 01950

Printed in Great Britain by
Booksprint, Bristol

INTRODUCTION

I

The originality both in conception and technique of this most famous of Gogol's shorter works has given it a very important place in Russian literature. Although some of Gogol's other tales may be more cheerful and more immediately pleasing from the stylistic point of view, there is a certain compulsive power in «Шинель» and its theme which makes the reader come back to it, if only to see again whether he has understood it properly.

A poor government clerk saves up to buy a new winter overcoat, spends one triumphant day in possession of it, and is then cruelly deprived of it. His appeals to Authority are worse than useless, and, with the assistance of the Russian winter, he perishes miserably. Subsequently a ghostly vengeance is wreaked upon the Important Personage who represents Authority.

Such is the outline of the story; but in what spirit are we to read it, and what meaning, if any, are we to take out of it?

The traditional view, first put forward by the influential critic Belinsky in the 1840's, and still current in the Soviet Union, emphasises the social significance of the story — one of the first Russian stories about the 'little man' oppressed by the crushing regime of the Tsars. It is interpreted as an eloquent protest on behalf of the downtrodden: the unfortunate 'hero' Akaky Akakievich is depicted with deep compassion, and the humour, here as in so many of Gogol's works, can be summed up in the phrase «смех сквозь слёзы» — *laughter through tears*. Many of the later Russian writers who were concerned with the condition of society acknowledged their debt to Gogol, and indeed the period from the thirties to mid-century, when the most marked characteristic of Russian literature was 'Critical Realism' — the depiction of the negative features of life with the aim of arousing in the reader a feeling of protest against them — has often been called «гоголевская эпоха».The importance that was attached by young Radical writers to the *Overcoat* in particular is shown by Dostoevsky's saying in connection with his own early stories about the poor people of St. Petersburg: 'We have all come out of Gogol's *Overcoat*'· This view of Gogol's place in Russian literature had the support of Belinsky, by whom Gogol was hailed not only as the creator of Russian prose (just as Pushkin was the creator of Russian poetry), but as a great realist, most remarkable for his truthful reflection of life, and as a satirist of Russian society.

It is undeniable that Gogol did at times see himself as a satirist, for in writing about his own play *The Government Inspector* he said: 'I tried to gather in one heap all that is evil in Russia... and to ridicule it all at one go'. He conceived the play 'with the aim of producing a good influence on society'. But before examining the exact nature of Gogol's satire let us look at the Russian society of Gogol's day, and his place in it.

Gogol wrote his works entirely during the reign of the Tsar Nicholas I (1825-1855) — one of the most oppressive periods in Russian history. Fearing the stirrings of social change and revolution which were in the air throughout Europe and which had already found expression in Russia in the Decembrist Revolt of 1825, Nicholas intended to keep the social and political system in Russia exactly as it was and to prevent the spread of 'dangerous' ideas — one might almost say, of any ideas at all. In order to exercise control of society at all points he used a vast apparatus of censorship, the control of education, police, secret police and spies, and above all the civil service — Nicholas himself being the chief bureaucrat. Society was rigidly stratified: below the Tsar came the relatively small land-owning aristocracy and gentry, and then the peasantry who belonged to the landowners as serfs, could be bought and sold at will, and had no civil or human rights. These peasants accounted for more than eighty percent of the population. The middle class, mainly merchants, was of relative insignificance, and most of the poorer townspeople (мещáне) were little better than peasants. Naturally, status counted for a great deal in this society, and apart from the general class structure there existed within the government service a complete self-contained system of ranks whereby people were pigeon-holed and labelled neatly. This was the 'Table of Ranks' with its accompanying respectful forms of address proper to the various grades (see note to p. 19). Worldly success was measured (right up to the beginning of the twentieth century) by the number of ranks one climbed through and the number of medals of various orders of merit one collected. It is at a very low level of this world of official ranks that Akaky Akakievich has his being.

II

The author himself had had some experience of this world. Nikolai Vasilievich Gogol was the son of a small landowner who lived on his estate at Sorochintsy near Poltava in the Ukraine ('Little Russia' as it was then officially called). Nikolai Vasilievich was born there in 1809 and lived and was educated in the Ukraine till the age of nineteen, when he set off for the Russian capital St. Petersburg, seven hundred miles away to the north. Presumably he was something of a country bumpkin when he arived there, full of high-flown ambitions to perform important services to Russia and to humanity, whether as a civil servant or a writer. The capital failed to welcome him, however, and a characteristic episode followed: his first literary effort, a long poem, was a failure, he fled from Russia on a ship bound for Lübeck — and returned by the next boat. The explanations he gave of this abortive trip in his letters were strangely confused and contradictory: he was on his way to America; he needed solitude to think out some lofty task of benefit to mankind; he was fleeing from the memory of an unhappy love affair (with an 'unattainable goddess'); he was needing a health-cure in Germany. It has even been asserted that Gogol did not really go on this ship at all, and that the whole affair was an elaborate piece of deception carried out for obscure reasons. Many biographers see in this episode evidence of Gogol's first big disillusionment, the beginning of his obsessive awareness of the contrast between his idealistic dreams and the realities of life.

Back in St. Petersburg, he had trouble making ends

meet and accepted a very humble post in the civil service, starting at the lowest of the fourteen ranks and progressing to the eighth. He dabbled in art, then taught in a girls' school, and for a year (1834 — 35) was an associate professor of World History in Petersburg University — a post which ended in fiasco.

By now, however, Gogol had made his name as a writer with his very popular stories about Ukrainian peasants and their superstitions, entitled *Evenings on a Farm near Dikanka*, 1831 — 32. («Вечерá на хýторе близ Дикáньки»). In «Вечера» all the elements of Gogol's style are already apparent: it is loquacious, exclamatory and rhapsodic, combining detailed physical description with highly-coloured lyrical digressions, exaggeration and fantasy, and in mood it alternates between humour and pathos. His next book, «Мúргород», contained further stories about the Ukraine, the themes of which include the supernatural, the 'romantic' past of the Cossacks («Тарáс Бýльба»), and the uneventful, almost static life of the Ukrainian landowners.

After these came his St. Petersburg stories, including «Невский проспект», «Портрет», «Записки сумасшедшего» (*Memories of a madman*), «Нос», and after an interval «Шинель» (1842). In all of these more or less fantastic stories the capital city is presented in a crazy but curiously convincing light which has been reflected in the attitude to St. Petersburg of several later writers including Dostoevsky.

In addition to short stories and пóвести, Gogol in his very brief literary career (only eleven years altogether) wrote the justly famous and ever-popular comedy *The Government Inspector* («Ревизóр», 1836) and the first part of his novel *Dead Souls* («Мёртвые души», 1842) with its highly ingenious theme — the fraudulent plan of the hero, Chichikov, to relieve landowners of peasants who have died since the last government census, but who officially remain the liability of their owners until the next census. Chichikov 'buys up' these 'dead souls' at a low price, thereby building up an impressive-looking estate (calculated at that date by the number of serfs owned) which exists only on paper. Gogol's imagination and powers of description are given full rein in the series of portraits of landowners visited.

In these two large-scale works particularly Gogol's intention of satirizing Russian society is clear. Any observer of human nature looking at the Russian society of Gogol's day saw plenty to satirize in it: the class structure, the excessive regard for rank which made inferiors cringe and tremble before their superiors, the bureaucratic system of government with the widespread use of bribes, the lack of any real culture in all but a small section of the nobility, and so on — all the pettiness, mean motives and nastiness combined with self-satisfaction which the Russians call «пошлость». The Tsar himself, having enjoyed a performance of «Ревизóр» which is a satire on the corrupt officials of a small provincial town, said: 'We have all been taken to task here, and I most of all'. But it was far from Gogol's intentions to attack Russian political and social institutions as such, far less the Tsar himself. As time went on Gogol spoke more and more about his sacred task of bringing about the moral regeneration of Russia, so that she might fulfil the great destiny he believed history had in store for her. This moral regeneration, however, was to be well within the framework of the existing order, and in accordance with Nicholas' three basic principles of Russian life: autocracy, the Orthodox church, and the continuation of the institution of serfdom. Thus Gogol, who had always been deeply religious (particularly, it appears, in his belief in and fear of the devil) and idealistically devoted to the existing order in Russia, was deeply distressed by the way in which the public, both Conservative and Liberal, read meanings in his works which he had not meant to put there, and interpreted them as political satires.

His conviction that he had a special calling to instruct his contemporaries grew stronger after Part I of *Dead Souls* was finished, and developed into a kind of religious mania. In an exalted mood he would write sanctimonious, sermonising letters to his friends, instructing them in religious devotion; in a fit of despair at not being able to create the positive types which the second, constructive, part of *Dead Souls* required, he more than once burned the whole manuscript. The culmination of this unhappy development came in his last published work, *Selected Passages from Correspondence with Friends* (1846), embodying his 'message' to Russia and making quite clear his political position on the side of the existing political and social order. The section of Russian society who stood for progress and social reform, personified by Belinsky, saw in this book a betrayal of the ideals they had mistakenly attributed to Gogol, and one of the most outspoken anti-Tsarist documents of the period is the eloquent and impassioned letter which Belinsky wrote to Gogol on this occasion. (In this letter he addressed Gogol as: 'preacher of the whip, apostle of ignorance, champion of obscurantism and spiritual darkness, panegyrist of Tartar ways.') In fact, however, there seems to have been no such turning-point in Gogol's life: his later views and beliefs grew naturally out of those of his youth, and it is probable that he had never been on the side of political progress except by mistake.

From 1836 to 1849 Gogol lived mainly abroad, spending much of the time in Rome, and in 1847 he made a pilgrimage to Palestine, hoping to find peace of mind there. His mental state did not improve, however, and he died in Moscow in 1852 at the age of forty three, apparently from extreme melancholia.

On the evidence of Gogol's life, then, political satire is not to be looked for in «Шинель», although one might be justified in seeing moral satire or even some kind of religious allegory. But quite apart from this, the traditional interpretation can be criticised on the basis of the story itself. Although realistic details obviously abound, is the general impression one of reality? Do Akaky Akakievich's material circumstances, for instance, submit to logical analysis? Is Akaky Akakievich credible as a real person? If he is, is he sufficiently typical to serve as the symbol of the downtrodden 'little man'? Is Akaky Akakievich not perhaps simply a caricature, a grotesque and subhuman figment of Gogol's imagination, incapable of arousing real sympathy in the reader? Or is it after all the fact that Akaky Akakievich has been so dehumanised by his circumstances which gives the story its power as a philanthropic protest?

III

The social approach to «Шинель» is based entirely on the 'content' of the story. But Gogol, more than any other Russian prose-writer of the nineteenth century, is renowned for his style, and a diametrically opposite view of the story would be that the manner in which it is told is more important than the plot itself.

The plot is based on a true anecdote Gogol once heard, about a civil servant and keen duck-shooter who lost the new shotgun he had saved so hard to buy. He was saved from pining to death by a subscription raised by his colleagues, which enabled him to buy another gun. This idea is so transformed by Gogol's imagination that what strikes one most is his wealth of invention, in which logic counts for very little and pure fantasy for a great deal. From the very beginning Gogol wanders off into 'irrelevancies' about the hero's name, which he then pretends quite spuriously. to justify at the beginning of the third paragraph. Such irrelevant inventions constitute a large part of Gogol's humour — in this story perhaps all of the humour, since the situations are not really funny (especially if one feels compassion for Akaky Akakievich). This kind of humour depends entirely on playing on words — using them illogically or even paradoxically, taking an over-literal meaning which leads off into a kind of inverted logic, or often simply using words which 'sound funny' to a Russian — like the choice of names given to Akaky Akakievich's mother. For this reason Gogol is one of the most difficult authors for foreigners to appreciate. The extended pun on the name «Башмачкин» in paragraph two is obvious enough, but the full flavour of the pun on «советник» at the end of paragraph six depends on taking the merely conventional official title literally and playing on it. Anticlimax is a favourite device of Gogol's, and in this story it is frequently introduced by means of a play on the word «даже« which should introduce an intensification of the idea already expressed, but here in fact frequently leads on to something having no logical, or an illogical connection with what has gone before, (for instance in paragraph two, where the list of Akaky Akakievich's relations who wear boots culminates in «даже шурин»). Similarly illogical is the observation that Petrovich can earn a living as a tailor 'despite' his being one-eyed and having a pock-marked face.

Strangely enough, much that has been written about Gogol's 'Realism' is based on his use of gratuitous details like Petrovich's big toe and his snuff-box lid. Yet, unlike the significant and by no means superfluous detail used by such great realists as Turgenev or Tolstoy to give their characters and situations reality, Gogol's details are completely irrelevant, except for their own sake.

Gogol was a born story-teller and mimic as his contemporaries testify, and to get the full flavour of «Шинель» one must think of him 'performing' it — declaiming it as a kind of dramatised monologue (сказ), with the affectation of the vagueness of an impromptu narrator (e.g. the recurrence of such phrases as 'об этом ничего не известно', and such vague words as какой-то); using oratorical effects and dramatic gestures in the pathetic passages; wandering off the point to bring in an amusing fancy; and all the time changing his voice and style of speech to suit the character or situation. Much of the narrative in «Шинель» seems to reflect the attitudes and ways of thought of Akaky Akakievich himself, as if it were all being seen through his eyes, for instance his attitude to rank: the frost attacks even high-ranking officials. The style of this story is therefore quite complex, and is based on a wide vocabulary in which Gogol exploits the comic effect of mixing highly colloquial speech, pompous, literary style, and the stilted officialese in which Akaky Akakievich's thoughts are often cloaked.

The language of «Шинель» is fairly difficult in places because of Gogol's predilection for long rambling sentences full of parentheses — for instance the one in the sixth paragraph beginning «Даже в те часы́...», which has at least seventeen subordinate clauses and numerous participles and gerunds. In several places the constructions used by Gogol are so peculiar that some Russians have gone so far as to call them downright mistakes, saying that Gogol's childhood in the Ukraine, where a language rather different from Russian is spoken, left him with a somewhat imperfect knowledge of grammatically 'correct' Russian. Such constructions have been pointed out in the vocabulary and notes, and the reader should not be worried to find Gogol's syntax sometimes at variance with that of normal modern Russian grammar: on the whole Gogol is not a model for the learner to emulate. This is not to criticise Gogol's Russian: he is an acknowledged master of style, and an understanding of the contrast between his Russian and 'ordinary' Russian is essential for an appreciation of his art. Gogol's prose translated into 'normal' and 'correct' Russian would obviously lose all colour and flavour.

IV

The period in which Gogol was writing was that of the full development of Romanticism in European literature, and Gogol cannot be considered in isolation from the Romantic movement. For instance, the great interest he shows in his early stories in Ukrainian folklore — legends, superstitions, customs, dialect words — reflects one of the features of the Romantic Age in all European countries. Another feature characteristic of many of the writers of this age was an interest in the supernatural and a preoccupation with the 'forces of evil', and much of the fantastic and grotesque in Gogol's stories (particulary those about St. Petersburg) is reminiscent of the fantastic tales of the German Romantic writer E.T.A. Hoffmann. With their uncannily easy transitions from reality to fantasy, Hoffmann's stories enjoyed a great vogue in the first half of the nineteenth century. Pushkin's *Queen of Spades* is another well-known Russian story which shows the same affinity.

In «Шинель» Gogol's Romanticism appears most clearly in one of the most-discussed features of the story — the ghost episode with which it ends. This episode seems to conflict with the view that Gogol is a realist and has proved something of a stumbling-block to those who interpret the story in this light. So far as a 'social message' is concerned, would it not have been more effective to finish the story with Akaky Akakievich's death, without adding the epilogue about the ghost? The realism of «Шинель» up to this point can at least be debated. But how is this fantastic ending to be understood? To begin with, Gogol indulges in a little mystification so that we cannot be quite sure whether the stealer of coats really was a ghost or simply a robber. Accepting the latter view (despite the improbability of a real thief jumping on to the sledge of a passing General in a St. Petersburg street) one could explain that it was simply the Important Personage's guilty conscience which made him see Akaky Akakievich's ghost in a flesh-and-blood thief. On the other hand, the ghost can be looked upon as a symbol — a warning to the Important Personage and his kind of the approaching vengeance to be wreaked upon them by the oppressed masses. This is a commonly held view, but, bearing in mind Gogol's essential conservatism, it seems scarcely justifiable. A more far-fetched interpretation, though one that is better related to Gogol's life, sees the subject of the story as man's temptation by the devil, and his destruction through excessive attachment to worldly things. The style of narration emphasises the emptiness of the world in which Akaky Akakievich has to live and the pettiness of the only ideals he can have: the coat is his beloved, to recover whom his ghost comes back from the grave in true Romantic style.

Perhaps, however, it is best to see the conclusion of «Шинель» simply as a further spontaneous and unmotivated fancy which Gogol the inspired story-teller could not resist. The story ends as it began, with 'irrelevancies' (the young pig dashing out of a private house, the 'ghost's' enormous moustache) but to criticise it on the grounds that it does not add up to anything rational and logical would be to miss the point: the unique world created by Gogol's imagination is not subject to the criteria of reality, but creates its own laws.

Bibliography

Chizhevsky, D. 'About Gogol's *Overcoat*', in R.A. Maguire, *Gogol from the Twentieth Century*.

Chizhevsky, D. 'The Unknown Gogol', in *Slavonic and East European Review*, vol. 30, London, 1951, pp. 476-93.

Eykhenbaum, B. 'How Gogol's *Overcoat* is made', in R.A. Maguire, *Gogol from the Twentieth Century*.

Fanger, D. *The Creation of Nikolai Gogol*, Cambridge (Mass.), 1979.

Gippius, V.V. *Gogol*, translated by R.A. Maguire, Ann Arbor, 1981.

Magarshack, D. *Gogol: a Life*, London, 1957.

Maguire, R.A., ed. *Gogol from the Twentieth Century: Eleven Essays*, Princeton, 1974.

Nabokov, V. *Nikolai Gogol*, New York, 1961.

Peace, R.A. *The Enigma of Gogol*, Cambridge, 1981.

Setchkarev, V. *Gogol: his Life and Works*, London, 1965.

Slonimsky, A.L. 'The Technique of the Comic in Gogol', in R.A. Maguire, *Gogol from the Twentieth Century*.

Trahan, E., ed. *Gogol's* Overcoat *: an Anthology of Critical Essays*, Ann Arbor, 1982.

Troyat, H. *Gogol: the Biography of a Divided Soul*, London, 1974.

ШИНЕЛЬ

В департа́менте... но лу́чше не называ́ть, в како́м департа́менте. Ничего́ нет серди́тее вся́кого ро́да департа́ментов, полко́в, канцеля́рий и, сло́вом, вся́кого ро́да должностны́х сосло́вий. Тепе́рь уже́ вся́кий ча́стный челове́к счита́ет в лице́ своём оскорблённым всё о́бщество. Говоря́т, весьма́ неда́вно поступи́ла про́сьба от одного́ капита́на-испра́вника, не по́мню, како́го-то го́рода, в кото́рой он излага́ет я́сно, что ги́бнут госуда́рственные постановле́ния и что свяще́нное и́мя его́ произно́сится реши́тельно всу́е. А в доказа́тельство приложи́л к про́сьбе преогро́мнейший том како́го-то романти́ческого сочине́ния, где, чрез ка́ждые де́сять страни́ц, явля́ется капита́н-испра́вник, места́ми да́же соверше́нно в пья́ном ви́де. Ита́к, во избежа́ние вся́ких неприя́тностей, лу́чше департа́мент, о кото́ром идёт де́ло, мы назовём *одни́м департа́ментом*.

Ита́к, в *одно́м департа́менте* служи́л *оди́н чино́вник*; чино́вник нельзя́ сказа́ть чтобы о́чень замеча́тельный, ни́зенького ро́ста, не́сколько рябова́т, не́сколько рыжева́т, не́сколько да́же на вид подслепова́т, с небольшо́й лы́синой на лбу, с морщи́нами по обе́им сторона́м щёк и цве́том лица́, что называ́ется геморроида́льным... Что ж де́лать! винова́т петербу́ргский кли́мат. Что каса́ется до чи́на (и́бо у нас пре́жде

1

всего ну́жно объяви́ть чин), то он был то, что называ́ют ве́чный титуля́рный сове́тник, над кото́рым, как изве́стно, натруни́лись и наостри́лись вдо́воль ра́зные писа́тели, име́ющие похва́льное обыкнове́нье налега́ть на тех, кото́рые не мо́гут куса́ться. Фами́лия чино́вника была́ Башма́чкин. Уже́ по са́мому и́мени ви́дно, что она́ когда́-то произошла́ от башмака́; но когда́, в како́е вре́мя и каки́м о́бразом произошла́ она́ от башмака́, ничего́ э́того неизве́стно. И оте́ц, и дед, и да́же шу́рин, и все соверше́нно Башма́чкины ходи́ли в сапога́х, переменя́я то́лько ра́за три в год подмётки. И́мя его́ бы́ло Ака́кий Ака́киевич. Мо́жет быть, чита́телю оно́ пока́жется не́сколько стра́нным и вы́исканным, но мо́жно уве́рить, что его́ ника́к не иска́ли, а что са́ми собо́ю случи́лись таки́е обстоя́тельства, что ника́к нельзя́ бы́ло дать друго́го и́мени, и э́то произошло́ и́менно вот как: роди́лся Ака́кий Ака́киевич про́тив но́чи, е́сли то́лько не изменя́ет па́мять, на 23 ма́рта. Поко́йница-ма́тушка, чино́вница и о́чень хоро́шая же́нщина, расположи́лась как сле́дует окрести́ть ребёнка. Ма́тушка ещё лежа́ла на крова́ти про́тив двере́й, а по пра́вую ру́ку стоя́л кум, превосхо́днейший челове́к, Ива́н Ива́нович Еро́шкин, служи́вший столонача́льником в сена́те, и кума́, жена́ кварта́льного офице́ра, же́нщина ре́дких доброде́телей, Ари́на Семёновна Белобрю́шко-ва. Роди́льнице предоста́вили на вы́бор любо́е из трёх, како́е она́ хо́чет вы́брать: Мо́ккия, Со́ссия и́ли назва́ть ребёнка во и́мя му́ченика Хоздаза́та. «Нет,— поду́мала поко́йница, — имена́-то всё таки́е». Чтобы угоди́ть ей, разверну́ли календа́рь в друго́м ме́сте; вы́шли опя́ть три и́мени: Трифи́лий, Ду́ла и Вараха́сий. «Вот э́то наказа́ние, — проговори́ла стару́-

ха: — какие всё имена; я, право, никогда и не слы-хивала таких. Пусть бы ещё Варадат или Варух, а то Трифилий и Варахасий». Ещё переворотили страницу — вышли: Павсикахий и Вахтисий. «Ну, уж я вижу, — сказала старуха, — что, видно, его такая судьба. Уж если так, пусть лучше будет он называться, как и отец его. Отец был Акакий, так пусть и сын будет Акакий». Таким образом и про-изошёл Акакий Акакиевич. Ребёнка окрестили; при-чём он заплакал и сделал такую гримасу, как будто бы предчувствовал, что будет титулярный совет-ник.

Итак, вот каким образом произошло всё это. Мы привели потому это, чтобы читатель мог сам видеть, что это случилось совершенно по необходимости и другого имени дать было никак невозможно. Когда и в какое время он поступил в департамент и кто определил его, этого никто не мог припомнить. Сколько ни переменялось директоров и всяких на-чальников, его видели всё на одном и том же месте, в том же положении, в той же самой должности, тем же чиновником для письма; так что потом уве-рились, что он, видно, так и родился на свет уже совершенно готовым, в вицмундире и с лысиной на голове. В департаменте не оказывалось к нему ни-какого уважения. Сторожа не только не вставали с мест, когда он проходил, но даже не глядели на него, как будто бы через приёмную пролетела про-стая муха. Начальники поступали с ним как-то хо-лодно-деспотически. Какой-нибудь помощник сто-лоначальника прямо совал ему под нос бумаги, не сказав даже: «Перепишите», или: «Вот интересное, хорошенькое дельце», или что-нибудь приятное, как употребля́ется в благовоспи́танных слу́жбах. И он брал, посмотре́в то́лько на бума́гу, не гля́дя, кто ему́ подложи́л и име́л ли на то́ пра́во. Он брал и тут же пристра́ивался писа́ть её. Молоды́е чино́вники подсме́ивались и остри́ли над ним, во ско́лько хвата́ло канцеля́рского остроу́мия, расска́зывали тут же пред ним ⌐ра́зные соста́вленные про него́ исто́рии; про его́ хозя́йку, семидесятиле́тнюю стару́ху, говори́ли, что она́ бьёт его́, спра́шивали, когда́ бу́дет их сва́дьба, сы́пали на го́лову ему́ бума́жки, называ́я э́то сне́гом. Но ни одного́ сло́ва не отвеча́л на э́то Ака́кий Ака́киевич, как бу́дто бы никого́ и не́ было пе́ред ним; э́то не име́ло да́же влия́ния на заня́тия его́: среди́ всех э́тих доку́к он не де́лал ни одно́й оши́бки в письме́. То́лько е́сли уж сли́шком была́ невыноси́ма шу́тка, когда́ толка́ли его́ под руку, меша́я занима́ться свои́м де́лом, он произноси́л: «Оста́вьте меня́, заче́м вы меня́ обижа́ете?» И что́-то стра́нное заключа́лось в слова́х и в го́лосе, с каки́м они́ бы́ли произнесены́. В нём слы́шалось что́-то тако́е преклоня́ющее на жа́лость, что оди́н молодо́й челове́к, неда́вно определи́вшийся, кото́рый, по приме́ру други́х, позво́лил бы́ло себе́ посмея́ться над ним, вдруг останови́лся как бу́дто пронзённый, и с тех пор как бу́дто всё перемени́лось пе́ред ним и показа́лось в друго́м ви́де. Кака́я-то неесте́ственная си́ла оттолкну́ла его́ от това́рищей, с кото́рыми он познако́мился, приня́в их за прили́чных, све́тских люде́й. И до́лго пото́м, среди́ са́мых весёлых мину́т, представля́лся ему́ ни́зенький чино́вник с лы́синкою на лбу, с свои́ми проника́ющими слова́ми: «Оста́вьте меня́, заче́м вы меня́ обижа́ете?» — и в э́тих проника́ющих слова́х звене́ли други́е слова́: «Я брат твой». И закрывал себя рукою бедный молодой человек, и много раз содрогался он потом на веку своём, видя, как много в человеке бесчеловечья, как много скрыто свирепой грубости в утончённой, образованной светскости, и, Боже! даже в том человеке, которого свет признаёт благородным и честным...

Вряд ли где можно было найти человека, который так жил бы в своей должности. Мало сказать: он служил ревностно — нет, он служил с любовью. Там, в этом переписыванье, ему виделся какой-то свой разнообразный и приятный мир. Наслаждение выражалось на лице его; некоторые буквы у него были фавориты, до которых если он добирался, то был сам не свой: и подсмеивался, и подмигивал, и помогал губами, так что в лице его, казалось, можно было прочесть всякую букву, которую выводило перо его. Если бы соразмерно его рвению давали ему награды, он, к изумлению своему, может быть, даже попал бы в статские советники, но выслужил он, как выражались остряки, его товарищи, пряжку в петлицу да нажил геморрой в поясницу. Впрочем, нельзя сказать, чтобы не было к нему никакого внимания. Один директор, будучи добрым человеком и желая вознаградить его за долгую службу, приказал дать ему что-нибудь поважнее, чем обыкновенное переписыванье; именно из готового уже дела велено было ему сделать какое-то отношение в другое присутственное место; дело состояло только в том, чтобы переменить заглавный титул да переменить кое-где глаголы из первого лица в третье. Это задало ему такую работу, что он вспотел совершенно, тёр лоб и наконец: «Нет, лучше дайте я перепишу́ что́-нибудь». С тех пор оста́вили его́ навсегда́ перепи́сывать. Вне э́того перепи́сывания, каза́лось, для него́ ничего́ не существова́ло. Он не ду́мал во́все о своём пла́тье: вицмунди́р у него́ был не зелёный, а како́го-то рыжева́то-мучно́го цве́та. Воротничо́к на нём был у́зенький, ни́зенький, так что ше́я его́, несмотря́ на то, что не была́ длинна́, выходя́ из воротника́, каза́лась необыкнове́нно дли́нною, как у тех ги́псовых котёнков, болта́ющих голова́ми, кото́рых но́сят на голова́х це́лыми деся́тками ру́сские иностра́нцы. И всегда́ что́-нибудь да прилипа́ло к его́ вицмунди́ру: и́ли сенца́ кусо́чек, и́ли кака́я-нибудь ни́точка; к тому́ же он име́л осо́бенное иску́сство, ходя́ по у́лице, поспева́ть под окно́ и́менно в то са́мое вре́мя, когда́ из него́ выбра́сывали вся́кую дрянь, и оттого́ ве́чно уноси́л на свое́й шля́пе арбу́зные и ды́нные ко́рки и тому́ подо́бный вздор. Ни оди́н раз в жи́зни не обрати́л он внима́ния на то, что де́лается и происхо́дит вся́кий день на у́лице, на что, как изве́стно, всегда́ посмо́трит его́ же брат, молодо́й чино́вник, простира́ющий до того́ проница́тельность своего́ бо́йкого взгля́да, что заме́тит да́же, у кого́ на друго́й стороне́ тротуа́ра отпоро́лась внизу́ панталон стремёшка, — что вызыва́ет всегда́ лука́вую усме́шку на лице́ его́.

Но Ака́кий Ака́киевич е́сли и гляде́л на что, то ви́дел на всём свои́ чи́стые, ро́вным по́черком вы́писанные стро́ки, и то́лько ра́зве е́сли, неизве́стно отку́да взя́вшись, лошади́ная мо́рда помеща́лась ему́ на плечо́ и напуска́ла ноздря́ми це́лый ве́тер в щёку, тогда́ то́лько замеча́л он, что он не на середи́не строки́, а скоре́е на середи́не у́лицы. Приходя́ домо́й, он сади́лся тот же час за стол, хлеба́л на́скоро свои́ щи и ел кусо́к говя́дины с лу́ком, во́все не замеча́я их вку́са, ел всё э́то с му́хами и со всем тем, что ни посыла́л Бог на ту по́ру. Заме́тивши, что желу́док начина́л пучи́ться, встава́л из-за стола́, вынима́л ба́ночку с черни́лами и перепи́сывал бума́ги, принесённые на́ дом. Если же таки́х не случа́лось, он снима́л наро́чно, для со́бственного удово́льствия, ко́пию для себя́, осо́бенно е́сли бума́га была́ замеча́тельна не по красоте́ сло́га, но по а́дресу к како́му-нибудь но́вому и́ли ва́жному лицу́.

Да́же в те часы́, когда́ соверше́нно потуха́ет петербу́ргское се́рое не́бо и весь чино́вный наро́д нае́лся и отобе́дал, кто как мог, сообра́зно с получа́емым жа́лованьем и со́бственной при́хотью, — когда́ всё уже́ отдохну́ло по́сле департа́ментского скрипе́нья пе́рьями, беготни́, свои́х и чужи́х необходи́мых заня́тий и всего́ того́, что задаёт себе́ доброво́льно, бо́льше да́же чем ну́жно, неугомо́нный челове́к, — когда́ чино́вники спеша́т преда́ть наслажде́нию оста́вшееся вре́мя: кто побойче́е, несётся в теа́тр; кто на у́лицу, определя́я его́ на рассма́триванье кое-каки́х шляпёнок; кто на ве́чер — истра́тить его́ в комплиме́нтах како́й-нибудь смазли́вой де́вушке, звезде́ небольшо́го чино́вного кру́га; кто, и э́то случа́ется ча́ще всего́, идёт про́сто к своему́ бра́ту в четвёртый и́ли тре́тий эта́ж, в две небольши́е ко́мнаты с пере́дней и́ли ку́хней и кое-каки́ми мо́дными прете́нзиями, ла́мпой и́ли ино́й вещи́цей, сто́ившей мно́гих поже́ртвований, отка́зов от обе́дов, гуля́ний, — сло́вом, да́же в то вре́мя, когда́ все чино́вники рассе́иваются по ма́леньким кварти́ркам свои́х прия́телей поигра́ть в штурмово́й вист, прихлёыбвая чай из стака́нов с копе́ечными сухаря́ми, затя́гиваясь ды́мом из дли́нных чубуко́в, расска́зывая во вре́мя сда́чи каку́юнибудь сплётню, занёсшуюся из высшего общества, от которого никогда и ни в каком состоянии не может отказаться русский человек, или даже, когда нé о чем говорить, пересказывая вечный анекдот о коменданте, которому пришли сказать, что подрублен хвост у лошади Фальконéтова монумента, — словом, даже тогда, когда всё стремится развлечься, Акакий Акакиевич не предавался никакому развлечению. Никто не мог сказать, чтобы когда-нибудь видел его на каком-нибудь вечере. Написавшись всласть, он ложился спать, улыбаясь заранее при мысли о завтрашнем дне: что-то Бог пошлёт переписывать завтра.. Так протекала мирная жизнь человека, который с четырьмястами жалованья умéл быть довольным своим жрéбием, и дотекла бы, может быть, до глубокой старости, если бы нé было разных бéдствий, рассыпанных на жизненной дороге не только титулярным, но даже тайным, действительным, надворным и всяким советникам, даже и тем, которые не дают никому советов, ни от кого не берут их сами.

Есть в Петербурге сильный враг всех получающих четыреста рублей в год жалованья или около того. Враг этот не кто другой, как наш северный мороз, хотя, впрочем, и говорят, что он очень здоров. В девятом часу утра, именно в тот час, когда улицы покрываются идущими в департамент, начинает он давать такие сильные и колючие щелчки без разбору по всем носам, что бедные чиновники решительно не знают, куда девать их. В это время, когда даже у занимающих высшие должности болит от морозу лоб и слёзы выступают в глазах, бедные титулярные советники иногда бывают беззащитны. Всё спасение состоит в том, чтобы в тощенькой шинелишке перебежать как можно скорее пять-шесть улиц и потом натопаться хорошенько ногами в швейцарской, пока не оттают таким образом все замёрзнувшие на дороге способности и дарованья к должностным отправлениям. Акакий Акакиевич с некоторого времени начал чувствовать, что его как-то особенно сильно стало пропекать в спину и плечо, несмотря на то что он старался перебежать как можно скорее законное пространство. Он подумал, наконец, не заключается ли каких грехов в его шинели. Рассмотрев её хорошенько у себя дома, он открыл, что в двух-трёх местах, именно на спине и на плечах, она сделалась точная серпянка: сукно до того истёрлось, что сквозило, и подкладка расползлась.

Надобно знать, что шинель Акакия Акакиевича служила тоже предметом насмешек чиновникам; от неё отнимали даже благородное имя шинели и называли её капотом. В самом деле, она имела какое-то странное устройство: воротник её уменьшался с каждым годом более и более, ибо служил на подтачивание других частей её. Подтачивание не показывало искусства портного, и выходило, точно, мешковато и некрасиво. Увидевши, в чём дело, Акакий Акакиевич решил, что шинель нужно будет снести к Петровичу, портному, жившему где-то в четвёртом этаже по чёрной лестнице, который, несмотря на свой кривой глаз и рябизну по всему лицу, занимался довольно удачно починкой чиновничьих и всяких других панталон и фраков, — разумеется, когда бывал в трёзвом состоянии и не питал в голове какого-нибудь другого предприятия. Об этом портном, конечно, не следовало бы много говорить, но так как уже заведено, чтобы в по́вести хара́ктер вся́кого лица́ был соверше́нно озна́чен, то, не́чего де́лать, подава́йте нам и Петро́вича сюда́.

Снача́ла он называ́лся про́сто Григо́рий и был крепостны́м челове́ком у како́го-то ба́рина; Петро́вичем он на́чал называ́ться с тех пор, как получи́л отпускну́ю и стал попива́ть дово́льно си́льно по вся́ким пра́здникам, снача́ла по больши́м, а пото́м, без разбо́ру, по всем церко́вным, где то́лько стоя́л в кале́ндаре́ кре́стик. С э́той стороны́ он был ве́рен де́довским обы́чаям и, споря́ с женой, называ́л её мирско́ю же́нщиной и не́мкой. Так как мы уже́ заикну́лись про жену́, то ну́жно бу́дет и о ней сказа́ть слова́ два; но, к сожале́нию, о ней не мно́го бы́ло изве́стно, ра́зве то́лько то́, что у Петро́вича есть жена́, но́сит да́же че́пчик, а не плато́к; но красото́ю, как ка́жется, она́ не могла́ похва́статься; по кра́йней ме́ре, при встре́че с не́ю одни́ то́лько гварде́йские солда́ты загля́дывали ей под че́пчик, моргну́вши у́сом и испусти́вши како́й-то осо́бый го́лос.

Взбира́ясь по ле́стнице, ве́дшей к Петро́вичу, кото́рая, на́добно отда́ть справедли́вость, была́ вся ума́щена водо́й, помо́ями и прони́кнута наскво́зь тем спиртуо́зным за́пахом, кото́рый ест глаза́ и, как изве́стно, прису́тствует неотлу́чно на всех чёрных ле́стницах петербу́ргских домо́в, — взбира́ясь по ле́стнице, Ака́кий Ака́киевич уже́ поду́мывал о том, ско́лько запро́сит Петро́вич, и мы́сленно положи́л не дава́ть бо́льше двух рубле́й. Дверь была́ отво́рена, потому́ что хозя́йка, гото́вя каку́ю-то ры́бу, напусти́ла сто́лько ды́му в ку́хне, что нельзя́ бы́ло ви́деть да́же и са́мых тарака́нов. Ака́кий Ака́киевич прошёл че́рез ку́хню, не заме́ченный да́же само́ю хозя́йкою, и вступил наконец в комнату, где увидел Петровича, сидевшего на широком деревянном некрашеном столе и подвернувшего под себя ноги свои, как турецкий паша. Ноги, по обычаю портных, сидящих за работою, были нагишом. И прежде всего бросился в глаза большой палец, очень известный Акакию Акакиевичу, с каким-то изуродованным ногтем, толстым и крепким, как у черепахи череп. На шее у Петровича висел моток шёлку и ниток, а на коленях была какая-то ветошь. Он уже минуты с три продевал нитку в иглиное ухо, не попадал и потому очень сердился на темноту и даже на самую нитку, ворча вполголоса: «Не лезет, варварка; уела ты меня, шельма этакая!» Акакию Акакиевичу было неприятно, что он пришёл именно в ту минуту, когда Петрович сердился: он любил что-либо заказывать Петровичу тогда, когда последний был уже несколько под куражом, или, как выражалась жена его: «осадился сивухой, одноглазый чёрт». В таком состоянии Петрович обыкновенно очень охотно уступал и соглашался, всякий раз даже кланялся и благодарил. Потом, правда, приходила жена, плачась, что муж-де был пьян и потому дёшево взялся; но гривенник, бывало, один прибавишь, и дело в шляпе. Теперь же Петрович был, казалось, в трезвом состоянии, а потому крут, несговорчив и охотник заламывать чёрт знает какие цены. Акакий Акакиевич смекнул это и хотел было уже, как говорится, на попятный двор, но уж дело было начато. Петрович прищурил на него очень пристально свой единственный глаз, и Акакий Акакиевич невольно выговорил:

— Здравствуй, Петрович!

— Здравствовать желаю, сударь, — сказал Петрович и покосил свой глаз на руки Акакия Акакиевича, желая высмотреть, какого рода добычу тот нёс.

— А я вот к тебе, Петрович, того...

Нужно знать, что Акакий Акакиевич изъяснялся большею частию предлогами, наречиями и, наконец, такими частицами, которые решительно не имеют никакого значения. Если же дело было очень затруднительно, то он даже имел обыкновение совсем не оканчивать фразы, так что весьма часто, начавши речь словами: «Это, право, совершенно того...», а потом уже и ничего не было, и сам он позабывал, думая, что всё уже выговорил.

— Что ж такое? — сказал Петрович и обсмотрел в то же время своим единственным глазом весь вицмундир его, начиная с воротника до рукавов, спинки, фалд и петлей, — что всё было ему очень знакомо, потому что было собственной его работы.

Таков уж обычай у портных: это первое, что он сделает при встрече.

— А я вот того, Петрович... шинель-то, сукно... вот видишь, везде в других местах совсем крепкое, оно немножко запылилось, и кажется, как будто старое, а оно новое, да вот только в одном месте немного того... на спине, да ещё вот на плече одном немного попротёрлось, да вот на этом плече немножко — видишь, вот и всё. И работы немного...

Петрович взял капот, разложил его сначала на стол, рассматривал долго, покачал головою и полез рукою на окно за круглой табакеркой с портретом какого-то генерала, какого именно — неизвестно, потому что место, где находилось лицо, было проткнуто пальцем и потом заклеено четвероугольным лоскуточком бумажки. Понюхав табаку, Петрович растопы́рил капо́т на рука́х и рассмотре́л его́ про́тив све́та и опя́ть покача́л голово́ю. Пото́м обрати́л его́ подкла́дкой вверх и вновь покача́л, вновь снял кры́шку с генера́лом, закле́енным бума́жкой, и, натащи́вши в нос табаку́, закры́л, спря́тал табаке́рку и, наконе́ц, сказа́л:

— Нет, нельзя́ попра́вить: худо́й гардеро́б!

У Ака́кия Ака́киевича при э́тих слова́х ёкнуло се́рдце.

— Отчего́ же нельзя́, Петро́вич? — сказа́л он почти́ умоля́ющим го́лосом ребёнка. — Ведь то́лько всего́, что на плеча́х поистёрлось, ведь у тебя́ есть же каки́е-нибудь кусо́чки...

— Да кусо́чки-то мо́жно найти́, кусо́чки найду́тся, — сказа́л Петро́вич, — да наши́ть-то нельзя́: де́ло совсе́м гнило́е, тро́нешь игло́й — а вот уж оно́ и ползёт.

— Пусть ползёт, а ты то́тчас запла́точку.

— Да запла́точки не́ на чем положи́ть, укрепи́ться ей не́ за что, поде́ржка бо́льно велика́. То́лько сла́ва, что сукно́, а поду́й ве́тер, так разлети́тся.

— Ну, да уж прикрепи́. Как же э́так, пра́во, того́!...

— Нет, — сказа́л Петро́вич реши́тельно, — ничего́ нельзя́ сде́лать. Де́ло совсе́м плохо́е. Уж вы лу́чше, как придёт зи́мнее холо́дное вре́мя, наде́лайте из неё себе́ ону́чек, потому́ что луло́к не гре́ет. Это не́мцы вы́думали, чтобы побо́льше себе́ де́нег забира́ть (Петро́вич люби́л при слу́чае кольну́ть не́мцев); а шине́ль уж, ви́дно, вам придётся но́вую де́лать.

При сло́ве «но́вую» у Ака́кия Ака́киевича зату́манило в глаза́х, и всё, что ни бы́ло в ко́мнате, так и пошло́ пред ним пу́таться. Он ви́дел я́сно одного́ тóлько генерáла с заклéенным бумáжкой лицóм, находи́вшегося на крышке Петрóвичевой табакéрки.

— Как же нóвую? — сказáл он, всё ещё как бýдто находя́сь во сне. — Ведь у меня́ и дéнег на э́то нет.

— Да, нóвую, — сказáл с вáрварским спокóйствием Петрóвич.

— Ну, а éсли бы пришлóсь нóвую, как бы онá тогó...

— Тó есть, что бýдет стóить?

— Да.

— Да три полсóтни с ли́шком нáдо бýдет приложи́ть, — сказáл Петрóвич и сжал при э́том значи́тельно гýбы.

Он óчень люби́л си́льные эффéкты, люби́л вдруг кáк-нибудь озадáчить совершéнно и потóм поглядéть и́скоса, какýю озадáченный сдéлает рóжу пóсле таки́х слов.

— Полторáста рублéй за шинéль! — вскри́кнул бéдный Акáкий Акáкиевич; вскри́кнул, мóжет быть, в пéрвый раз óт роду, и́бо отличáлся всегдá ти́хостью гóлоса.

— Да-с, — сказáл Петрóвич, — да ещё каковá шинéль. Если положи́ть на воротни́к куни́цу да пусти́ть капишóн на шёлковой подклáдке, так и в двéсти войдёт.

— Петрóвич, пожáлуйста, — говори́л Акáкий Акáкиевич умоля́ющим гóлосом, не слы́ша и не старáясь слы́шать скáзанных Петрóвичем слов и всех его́ эффéктов, — кáк-нибудь попрáвь, чтобы хоть скóлько-нибудь ещё послужи́ла.

— Да нет, э́то вы́дет: и рабóту убивáть, и дéньги

попусту тратить, — сказал Петрович, и Акакий Акакиевич после таких слов вышел совершенно уничтоженный.

А Петрович, по уходе его, долго ещё стоял, значительно сжавши губы и не принимаясь за работу, будучи доволен, что и себя не уронил, да и портного искусства тоже не выдал.

Вышед на улицу, Акакий Акакиевич был как во сне.

— Этаково-то дело этакое, — говорил он сам себе, — я, право, и не думал, чтобы оно вышло того... — а потом, после некоторого молчания, прибавил: — Так вот как! Наконец вот что вышло, а я, право, совсем и предполагать не мог, чтобы оно было этак. — За сим последовало опять долгое молчание, после которого он произнёс: — Так этак-то! Вот какое уж, точно, никак неожиданное, того... этого бы никак... этакое-то обстоятельство!

Сказавши это, он, вместо того, чтобы идти домой, пошёл совершенно в противную сторону, сам того не подозревая. Дорогою задел его всем нечистым своим боком трубочист и вычернил всё плечо ему; целая шапка извести высыпалась на него с верхушки строившегося дома. Он ничего этого не заметил и потом уже, когда натолкнулся на будочника, который, поставя около себе свою алебарду, натряхивал из рожка на мозолистый кулак табаку, тогда только немного очнулся, и то потому, что будочник сказал: «Чего лезешь в самое рыло, разве нет тебе трухтуара?» Это заставило его оглянуться и поворотить домой. Здесь только он начал собирать мысли, увидел в ясном и настоящем виде своё положение, стал разговаривать с собою уже не отрывисто, но рассудительно и откровенно, как с благоразумным приятелем, с которым можно поговорить о деле самом сердечном и близком.

— Ну нет, — сказал Акакий Акакиевич, — теперь с Петровичем нельзя толковать: он теперь того... жена, видно, как-нибудь поколотила его. А вот я лучше приду к нему в воскресный день утром: он после канунешной субботы будет косить глазом и заспавшись, так ему нужно будет опохмелиться, а жена денег не даст, а в это время я ему гривенничек и того, в руку, он и будет сговорчивее, и шинель тогда и того...

Так рассудил сам с собою Акакий Акакиевич, ободрил себя и дождался первого воскресенья, и, увидев издали, что жена Петровича куда-то выходила из дому, он прямо к нему. Петрович, точно, после субботы сильно косил глазом, голову держал к полу и был совсем заспавшись; но при всём том, как только узнал, в чём дело, точно как будто его чёрт толкнул.

— Нельзя, — сказал: — извольте заказать новую. Акакий Акакиевич тут-то и всунул ему гривенничек.

— Благодарствую, сударь, подкреплюсь маленечко за ваше здоровье, — сказал Петрович. — А уж об шинели не извольте беспокоиться: она ни на какую годность не годится. Новую шинель уж я вам сошью на славу, уж на этом постоим.

Акакий Акакиевич ещё было насчёт починки, но Петрович недослышал и сказал:

— Уж новую я вам сошью беспременно, в этом извольте положиться, старанье приложим. Можно будет даже так, как пошла мода: воротник будет застёгиваться на серебряные лапки под апплике.

16

Тут-то уви́дел Ака́кий Ака́киевич, что без но́вой шине́ли нельзя́ обойти́сь, и пони́к соверше́нно ду́хом. Как же, в са́мом де́ле, на что, на каки́е де́ньги её сде́лать? Коне́чно, мо́жно бы отча́сти положи́ться на бу́дущее награжде́ние к пра́зднику, но э́ти де́ньги давно́ уже́ размещены́ и распределены́ вперёд. Тре́бовалось завести́ но́вые панталоны́, заплати́ть сапо́жнику ста́рый долг за приста́вку но́вых голо́вок к ста́рым голени́щам, да сле́довало заказа́ть швее́ три руба́хи, да шту́ки две того́ белья́, кото́рое неприли́чно называ́ть в печа́тном сло́ге, сло́вом: все де́ньги соверше́нно должны́ бы́ли разойти́ся, и е́сли бы да́же дире́ктор был так ми́лостив, что вме́сто сорока́ рубле́й наградны́х определи́л бы со́рок пять и́ли пятьдеся́т, то всё-таки оста́нется како́й-нибудь са́мый вздор, кото́рый в шине́льном капита́ле бу́дет ка́пля в мо́ре. Хотя́, коне́чно, он знал, что за Петро́вичем води́лась блажь заломи́ть вдруг чёрт зна́ет каку́ю непоме́рную це́ну, так что уж, быва́ло, сама́ жена́ не могла́ удержа́ться, чтобы не вскри́кнуть: «Что ты, с ума́ схо́дишь, дура́к тако́й! В друго́й раз ни за что возьмёт рабо́тать, а тепе́рь разнесла́ его́ нелёгкая запроси́ть таку́ю це́ну, како́й и сам не сто́ит». Хотя́, коне́чно, он знал, что Петро́вич и за во́семьдесят рубле́й возьмётся сде́лать; одна́ко всё же отку́да взять э́ти во́семьдесят рубле́й? Ещё полови́ну мо́жно бы найти́: полови́на бы отыска́лась; мо́жет бы́ть, да́же немно́жко и бо́льше; но где взять другу́ю полови́ну?.. Но пре́жде чита́телю должно́ узна́ть, где взяла́сь пе́рвая полови́на. Ака́кий Ака́киевич име́л обыкнове́ние со вся́кого истра́чиваемого рубля́ откла́дывать по грошу́ в небольшо́й я́щичек, за́пертый на ключ, с прорезанною в крышке дырочкой для бросания туда денег. По истечении всякого полугода он ревизовал накопившуюся медную сумму и заменял её мелким серебром. Так продолжал он с давних пор, и таким образом в продолжение нескольких лет оказалось накопившейся суммы более чем на сорок рублей. Итак, половина была в руках; но где же взять другую половину? где взять другие сорок рублей? Акакий Акакиевич думал, думал и решил, что нужно будет уменьшить обыкновенные издержки, хотя, по крайней мере, в продолжение одного года: изгнать употребление чаю по вечерам, не зажигать по вечерам свечи, а если что понадобится делать, идти в комнату к хозяйке и работать при её свечке; ходя по улицам, ступать как можно легче и осторожнее по камням и плитам, почти на цыпочках, чтобы таким образом не истереть скоровременно подмёток; как можно реже отдавать прачке мыть бельё, а чтобы не занашивалось, то всякий раз, приходя домой, скидать его и оставаться в одном только демикотоновом халате, очень давнем и щадимом даже самым временем. Надобно сказать правду, что сначала ему было несколько трудно привыкать к таким ограничениям, но потом как-то привыклось и пошло на лад; даже он совершенно приучился голодать по вечерам; но зато он питался духовно, нося в мыслях своих вечную идею будущей шинели. С этих пор как будто самое существование его сделалось как-то полнее, как будто бы он женился, как будто какой-то другой человек присутствовал с ним, как будто он был не один, а какая-то приятная подруга жизни согласилась с ним проходить вместе жизненную дорогу, — и подру́га э́та была́ не кто друга́я, как та́ же шине́ль на то́лстой ва́те, на кре́пкой подкла́дке без изно́су. Он сде́лался ка́к-то живе́е, да́же тве́рже хара́ктером, как челове́к, кото́рый уже́ определи́л и поста́вил себе́ цель. С лица́ и с посту́пков его́ исче́зло само́ собо́ю сомне́ние, нереши́тельность — сло́вом, все коле́блющиеся и неопределённые черты́. Ого́нь поро́ю пока́зывался в глаза́х его́, в голове́ да́же мелька́ли са́мые де́рзкие и отва́жные мы́сли: не положи́ть ли, то́чно, куни́цу на воротни́к. Размышле́ния об э́том чуть не навели́ на него́ рассе́янности. Оди́н раз, перепи́сывая бума́ги, он чуть бы́ло да́же не сде́лал оши́бки, так что почти́ вслух вскри́кнул: «ух!» и перекрести́лся. В продолже́ние ка́ждого ме́сяца он, хотя́ оди́н раз, наве́дывался к Петро́вичу, что́бы поговори́ть о шине́ли, где лу́чше купи́ть сукна́, и како́го цве́та, и в каку́ю це́ну, и хотя́ не́сколько озабо́ченный, но всегда́ дово́льный возвраща́лся домо́й, помышля́я, что, наконе́ц, придёт же вре́мя, когда́ всё э́то ку́пится и когда́ шине́ль бу́дет сде́лана. Де́ло пошло́ да́же скоре́е, чем он ожида́л. Про́тиву вся́кого ча́яния, дире́ктор назна́чил Ака́кию Ака́киевичу не со́рок и́ли со́рок пять, а це́лых шестьдеся́т рубле́й: уж предчу́вствовал ли он, что Ака́кию Ака́киевичу нужна́ шине́ль, и́ли само́ собо́й так случи́лось, но то́лько у него́ чрез э́то очути́лось ли́шних два́дцать рубле́й. Э́то обстоя́тельство ускори́ло ход де́ла. Ещё каки́х-нибу́дь два-три ме́сяца небольшо́го голода́нья — и у Ака́кия Ака́киевича набрало́сь, то́чно, о́коло восьми́десяти рубле́й. Се́рдце его́, вообще́ весьма́ поко́йное, на́чало би́ться. В пе́рвый же день он отпра́вился вме́сте с Петро́вичем в ла́вки. Купи́ли сукна́ о́чень хоро́ше-

19

го — и не мудрено́, потому́ что об э́том ду́мали ещё за полго́да пре́жде и ре́дкий ме́сяц не заходи́ли в ла́вки применя́ться к це́нам; зато́ сам Петро́вич сказа́л, что лу́чше сукна́ и не быва́ет. На подкла́дку вы́брали коленко́ру, но тако́го добро́тного и пло́тного, кото́рый, по слова́м Петро́вича, был ещё лу́чше шёлку и да́же на вид кази́стей и глянцеви́тей. Куни́цы не купи́ли, потому́ что была́, то́чно, дорога́; а вме́сто её вы́брали ко́шку, лу́чшую, кака́я то́лько нашла́сь в ла́вке, ко́шку, кото́рую и́здали мо́жно бы́ло всегда́ приня́ть за куни́цу. Петро́вич провози́лся за шине́лью всего́ две неде́ли, потому́ что мно́го бы́ло стёганья, а ина́че она́ была́ бы гото́ва ра́ньше. За рабо́ту Петро́вич взял двена́дцать рубле́й — ме́ньше ника́к нельзя́ бы́ло: всё бы́ло реши́тельно ши́то на шелку́, двойны́м ме́лким швом, и по вся́кому шву Петро́вич пото́м проходи́л со́бственными зуба́ми, вытисня́я и́ми ра́зные фигу́ры.

Это бы́ло... тру́дно сказа́ть, в кото́рый и́менно день, но, вероя́тно, в день са́мый торже́ственнейший в жи́зни Ака́кия Ака́киевича, когда́ Петро́вич принёс наконе́ц шине́ль. Он принёс её поутру́, пе́ред са́мым тем вре́менем, как ну́жно бы́ло идти́ в департа́мент. Никогда́ бы в друго́е вре́мя не пришла́сь так кста́ти шине́ль, потому́ что начина́лись уже́ дово́льно кре́пкие моро́зы и, каза́лось, грози́ли ещё бо́лее уси́литься. Петро́вич яви́лся с шине́лью, как сле́дует хоро́шему портно́му. В лице́ его́ показа́лось выраже́ние тако́е значи́тельное, како́го Ака́кий Ака́киевич никогда́ ещё не вида́л. Каза́лось, он чу́вствовал в по́лной ме́ре, что сде́лал нема́лое де́ло и что вдруг показа́л в себе́ бе́здну, разделя́ющую портны́х, кото́рые подставля́ют то́лько подкла́дки и переправляют, от тех, которые шьют заново. Он вынул шинель из носового платка, в котором её принёс; платок был только что от прачки; он уже потом свернул его и положил в карман для употребления. Вынувши шинель, он весьма гордо посмотрел и, держа в обеих руках, набросил весьма ловко на плеча Акакию Акакиевичу; потом потянул и осадил её сзади рукой книзу; потом драпировал ею Акакия Акакиевича несколько нараспашку. Акакий Акакиевич, как человек в летах, хотел попробовать в рукава; Петрович помог надеть и в рукава, — вышло, что и в рукава была хороша. Словом, оказалось, что шинель была совершенно и как раз впору. Петрович не упустил при сём случае сказать, что он так только, потому что живёт без вывески на небольшой улице и притом давно знает Акакия Акакиевича, потому взял так дёшево; а на Невском проспекте с него бы взяли за одну только работу семьдесят пять рублей. Акакий Акакиевич об этом не хотел рассуждать с Петровичем, да и боялся всех сильных сумм, какими Петрович любил запускать пыль. Он расплатился с ним, поблагодарил и вышел тут же в новой шинели в департамент. Петрович вышел вслед за ним и, оставаясь на улице, долго ещё смотрел издали на шинель и потом пошёл нарочно в сторону, чтобы, обогнувши кривым переулком, забежать вновь на улицу и посмотреть ещё раз на свою шинель с другой стороны, то есть прямо в лицо. Между тем Акакий Акакиевич шёл в самом праздничном расположении всех чувств. Он чувствовал всякий миг минуты, что на плечах его новая шинель, и несколько раз даже усмехнулся от внутреннего удовольствия. В самом деле, две выгоды: одно то, что тепло, а другое, что хорошо. Дороги он не приметил вовсе и очутился вдруг в департаменте; в швейцарской он скинул шинель, осмотрел её кругом и поручил в особенный надзор швейцару. Неизвестно, каким образом в департаменте все вдруг узнали, что у Акакия Акакиевича новая шинель и что уже капота более не существует. Все в ту же минуту выбежали в швейцарскую смотреть новую шинель Акакия Акакиевича. Начали поздравлять его, приветствовать, так что тот сначала только улыбался, а потом сделалось ему даже стыдно. Когда же все, приступив к нему, стали говорить, что нужно вспрыснуть новую шинель и что, по крайней мере, он должен задать им всем вечер, Акакий Акакиевич потерялся совершенно, не знал, как ему быть, что такое отвечать и как отговориться. Он уже минут через несколько, весь закрасневшись, начал было уверять довольно простодушно, что это совсем не новая шинель, что это так, что это старая шинель. Наконец один из чиновников, какой-то даже помощник столоначальника, вероятно для того, чтобы показать, что он ничуть не гордец и знается даже с низшими себя, сказал:

— Так и быть, я вместо 'Акакия Акакиевича даю вечер и прошу ко мне сегодня на чай: я же, как нарочно, сегодня именинник.

Чиновники, натурально, тут же поздравили помощника столоначальника и приняли с охотою предложение. Акакий Акакиевич начал было отговариваться, но все стали говорить, что неучтиво, что просто стыд и срам, и он уж никак не мог отказаться. Впрочем, ему потом сделалось приятно, когда вспомнил, что он будет иметь чрез то случай пройти́сь да́же и ввечеру́ в но́вой шине́ли. Этот весь день был для Ака́кия Ака́киевича то́чно са́мый большо́й торже́ственный пра́здник. Он возврати́лся домо́й в са́мом счастли́вом расположе́нии ду́ха, ски́нул шине́ль и пове́сил её бе́режно на стене́, налюбова́вшись ещё раз сукно́м и подкла́дкой, и пото́м наро́чно вы́тащил, для сравне́нья, пре́жний капо́т свой, соверше́нно распо́лзшийся. Он взгляну́л на него́ и сам да́же засмея́лся: така́я была́ далёкая ра́зница! И до́лго ещё пото́м за обе́дом он всё усмеха́лся, как то́лько приходи́ло ему́ на ум положе́ние, в кото́ром находи́лся капо́т. Пообе́дал он ве́село и по́сле обе́да уж ничего́ не писа́л, никаки́х бума́г, а так немно́жко посибари́тствовал на посте́ли, пока́ не потемне́ло. Пото́м, не затя́гивая де́ла, оде́лся, наде́л на плеча́ шине́ль и вы́шел на у́лицу. Где и́менно жил пригласи́вший чино́вник, к сожале́нию, не мо́жем сказа́ть: па́мять начина́ет нам си́льно изменя́ть, и всё, что ни есть в Петербу́рге, все у́лицы и до́мы слили́сь и смеша́лись так в голове́, что весьма́ тру́дно доста́ть отту́да что-нибу́дь в поря́дочном ви́де. Как бы то ни́ было, но ве́рно по кра́йней ме́ре то́, что чино́вник жил в лу́чшей ча́сти го́рода, ста́ло быть о́чень не бли́зко от Ака́кия Ака́киевича. Снача́ла на́до бы́ло Ака́кию Ака́киевичу пройти́ кое-каки́е пусты́нные у́лицы с то́щим освеще́нием, но, по ме́ре приближе́ния к кварти́ре чино́вника, у́лицы станови́лись живе́е, населённей и сильне́е освещены́. Пешехо́ды ста́ли мелька́ть ча́ще, на́чали попада́ться и да́мы, краси́во оде́тые, на мужчи́нах попада́лись бобро́вые воротники́, ре́же встреча́лись ва́ньки с деревя́нными решётчатыми свои́ми са́нками, уты́канными позоло́ченными гвозди́чками, — напро́-

тив, всё попадались лихачи в малиновых бархатных шапках, с лакированными санками, с медвежьими одеялами, и пролетали улицу, визжа колёсами по снегу, кареты с убранными козлами. Акакий Акакиевич глядел на всё это, как на новость. Он уже несколько лет не выходил по вечерам на улицу. Остановился с любопытством перед освещённым окошком магазина посмотреть на картину, где изображена была какая-то красивая женщина, которая скидала с себя башмак, обнаживши таким образом всю ногу, очень недурную; а за спиной её, из дверей другой комнаты, выставил голову какой-то мужчина с бакенбардами и красивой эспаньолкой под губой. Акакий Акакиевич покачнул головой и усмехнулся и потом пошёл своею дорогою. Почему он усмехнулся, потому ли, что встретил вещь вовсе незнакомую, но о которой, однако же, всё-таки у каждого сохраняется какое-то чутьё, или подумал он, подобно многим другим чиновникам, следующее: «Ну, уж эти французы! Что и говорить, уж ежели захотят что-нибудь того, так уж, точно, того...» А может быть, даже и этого не подумал — ведь нельзя же залезть в душу человеку и узнать всё, что он ни думает. Наконец достигнул он дома, в котором'квартировал помощник столоначальника. Помощник столоначальника жил на большую ногу: на лестнице светил фонарь, квартира была во втором этаже. Вошедши в переднюю, Акакий Акакиевич увидел на полу целые ряды калош. Между ними, посреди комнаты, стоял самовар, шумя и испуская клубами пар. На стенах висели всё шинели да плащи, между которыми некоторые были даже с бобровыми воротниками или с бархатными отво-

ро́тами. За стено́й был слы́шен шум и го́вор, кото́-
рые вдруг сде́лались я́сными и зво́нкими, когда́ от-
вори́лась дверь и вы́шел лаке́й с подно́сом, уста́в-
ленным опоро́жненными стака́нами, сли́вочником
и корзи́ною сухаре́й. Ви́дно, что уж чино́вники дав-
но́ собрали́сь и вы́пили по пе́рвому стака́ну ча́я.
Ака́кий Ака́киевич, пове́сивши сам шине́ль свою́,
вошёл в ко́мнату, и пе́ред ним мелькну́ли в одно́
вре́мя све́чи, чино́вники, тру́бки, столы́ для карт,
и сму́тно порази́ли слух его́ бе́глый, со всех сторо́н
подыма́вшийся разгово́р и шум передвига́емых
сту́льев. Он останови́лся весьма́ нело́вко среди́ ко́м-
наты, ища́ и стара́ясь приду́мать, что ему́ сде́лать.
Но его́ уже́ заме́тили, при́няли с кри́ком, и все по-
шли́ тот же час в пере́днюю и вновь осмотре́ли его́
шине́ль. Ака́кий Ака́киевич хотя́ бы́ло отча́сти
и сконфу́зился, но, бу́дучи челове́ком чистосерде́ч-
ным, не мог не пора́доваться, ви́дя, как все похва-
ли́ли шине́ль. Пото́м, разуме́ется, все бро́сили и его́
и шине́ль и обрати́лись, как во́дится, к стола́м, на-
зна́ченным для ви́ста. Всё э́то: шум, го́вор и толпа́
люде́й, — всё э́то бы́ло ка́к-то чудно́ Ака́кию Ака́-
киевичу. Он про́сто не знал, как ему́ быть, куда́
деть ру́ки, но́ги и всю фигу́ру свою́; наконе́ц под-
се́л он к игра́вшим, смотре́л в ка́рты, засма́тривал
тому́ и друго́му в ли́ца и чрез не́сколько вре́мени
на́чал зева́ть, чу́вствовать, что ску́чно, тем бо́лее
что уж давно́ наступи́ло то вре́мя, в кото́рое он, по
обыкнове́нию, ложи́лся спать. Он хоте́л прости́ться
с хозя́ином, но его́ не пусти́ли, говоря́, что непре-
ме́нно на́до вы́пить в честь обно́вки по бока́лу шам-
па́нского. Че́рез час по́дали у́жин, состоя́вший из ви-
негре́та, холо́дной теля́тины, паште́та, конди́терских

25

пирожков и шампанского. Акакия Акакиевича заставили выпить два бокала, после которых он почувствовал, что в комнате сделалось веселее, однако ж никак не мог позабыть, что уже двенадцать часов и что давно пора домой. Чтобы как-нибудь не вздумал удерживать хозяин, он вышел потихоньку из комнаты, отыскал в передней шинель, которую не без сожаления увидел лежавшей на полу, стряхнул её, снял с неё всякую пушинку, надел на плеча и опустился по лестнице на улицу.

На улице всё ещё было светло. Кое-какие мелочные лавчонки, эти бессменные клубы дворовых и всяких людей, были отперты, другие же, которые были заперты, показывали, однако ж, длинную струю света во всю дверную щель, означавшую, что они не лишены ещё общества и, вероятно, дворовые служанки или слуги ещё доканчивают свои толки и разговоры, повергая своих господ в совершенное недоумение насчёт своего местопребывания. Акакий Акакиевич шёл в весёлом расположении духа, даже подбежал было вдруг, неизвестно почему, за какою-то дамою, которая, как молния, прошла мимо и у которой всякая часть тела была исполнена необыкновенного движения. Но, однако ж, он тут же остановился и пошёл опять по-прежнему очень тихо, подивясь даже сам неизвестно откуда взявшейся рыси. Скоро потянулись перед ним те пустынные улицы, которые даже и днём не так веселы, а тем более вечером. Теперь они сделались ещё глуше и уединённее: фонари стали мелькать реже — масла, как видно, уже меньше отпускалось; пошли деревянные домы, заборы; нигде ни души; сверкал только один снег по улицам да печально чернели

с закры́тыми ста́внями заснýвшие ни́зенькие ла-
чýжки. Он прибли́зился к томý мéсту, где перерé-
зывалась ýлица бесконéчною плóщадью с едва́ ви́д-
ными на другóй сторонé её дома́ми, котóрая гляде́ла
стра́шною пусты́нею.

Вдали́, Бог зна́ет где, мелька́л огонёк в какóй-то
бýдке, котóрая каза́лась стоя́вшею на краю́ свéта.
Весёлость Ака́кия Ака́киевича ка́к-то здесь значи́-
тельно умéньшилась. Он вступи́л на плóщадь не
без какóй-то невóльной боя́зни, тóчно как бýдто
сéрдце егó предчýвствовало чтó-то недóброе. Он ог-
лянýлся и по сторона́м: тóчное мóре вокрýг негó.
«Нет, лýчше и не гляде́ть», — подýмал и шёл, за-
кры́в глаза́, и когда́ откры́л их, чтóбы узна́ть, бли́з-
ко ли конéц плóщади, уви́дел вдруг, что пéред ним
стоя́т почти́ пéред нóсом каки́е-то лю́ди с уса́ми, ка-
ки́е и́менно, уж э́того он не мог да́же различи́ть.
У негó затума́нило в глаза́х и заби́лось в груди́.

— А ведь шинéль-то моя́ — сказа́л оди́н из них
громовы́м гóлосом, схвати́вши егó за воротни́к.

Ака́кий Ака́киевич хотéл бы́ло ужé закрича́ть
«карау́л», как другóй приста́вил емý к са́мому рту
кула́к, величинóю в чинóвничью гóлову, примóлвив:
«А вот тóлько кри́кни!» Ака́кий Ака́киевич чýвствовал тóлько, как сня́ли с негó шинéль, да́ли емý пин-
ка́ колéном, и он упа́л на́взничь в снег и ничегó уж
бóльше не чýвствовал. Чрез нéсколько минýт он
опóмнился и подня́лся на́ ноги, но уж никогó нé было. Он чýвствовал, что в пóле хóлодно и шинéли
нет, стал крича́ть, но гóлос, каза́лось, и не дýмал
долета́ть до концóв плóщади. Отча́янный, не устава́-
я крича́ть, пусти́лся он бежа́ть чéрез плóщадь
пря́мо к бýдке, пóдле котóрой стоя́л бýдочник и,

опершись на свою алебарду, глядел, кажется, с любопытством, желая знать, какого чёрта бежит к нему издали и кричит человек. Акакий Акакиевич, прибежав к нему, начал задыхающимся голосом кричать, что он спит и ни за чем не смотрит, не видит, как грабят человека. Будочник отвечал, что он не видал ничего, что видел, как остановили его среди площади какие-то два человека, да думал, что то были его приятели; а что пусть он вместо того, чтобы понапрасну браниться, сходит завтра к надзирателю, так надзиратель отыщет, кто взял шинель. Акакий Акакиевич прибежал домой в совершенном беспорядке: волосы, которые ещё водились у него в небольшом количестве на висках и затылке, совершенно растрепались; бок и грудь и все панталоны были в снегу. Старуха, хозяйка квартиры его, услыша страшный стук в дверь, поспешно вскочила с постели и с башмаком на одной только ноге побежала отворять дверь, придерживая на груди своей, из скромности, рукою рубашку; но, отворив, отступила назад, увидя в таком виде Акакия Акакиевича. Когда же рассказал он, в чём дело, она всплеснула руками и сказала, что нужно идти прямо к частному, что квартальный надует, пообещается и станет водить; а лучше всего идти прямо к частному, что он даже ей знаком, потому что Анна, чухонка, служившая прежде у неё в кухарках, определилась теперь к частному в няньки, что она часто видит его самого, как он проезжает мимо их дома, и что он бывает также всякое воскресенье в церкви, молится, а в то же время весело смотрит на всех, и что, стало быть, по всему видно, должен быть добрый человек. Выслушав такое решение, Акакий Акакиевич печальный побрёл в свою комнату, и как он провёл там ночь, предоставляется судить тому, кто может сколько-нибудь представить себе положение другого.

Поутру рано отправился он к частному; но сказали, что спит; он пришёл в десять — сказали опять: спит; он пришёл в одиннадцать часов — сказали: да нет частного дома; он в обеденное время — но писаря в прихожей никак не хотели пустить его и хотели непременно узнать, за каким делом и какая надобность привела и что такое случилось. Так что наконец Акакий Акакиевич раз в жизни захотел показать характер и сказал наотрез, что ему нужно лично видеть самого частного, что они не смеют его не допустить, что он пришёл из департамента за казённым делом, а что вот как он на них пожалуется, так вот тогда они увидят. Против этого писаря ничего не посмели сказать, и один из них пошёл вызвать частного. Частный принял как-то чрезвычайно странно рассказ о грабительстве шинели. Вместо того чтобы обратить внимание на главный пункт дела, он стал расспрашивать Акакия Акакиевича: да почему он так поздно возвращался, да не заходил ли он и не был ли в каком непорядочном доме, так что Акакий Акакиевич сконфузился совершенно и вышел от него, сам не зная, возымеет ли надлежащий ход дело о шинели или нет. Весь этот день он не был в присутствии (единственный случай в его жизни).

На другой день он явился весь бледный и в старом капоте своём, который сделался ещё плачевнее. Повествование о грабеже шинели, несмотря на то, что нашлись такие чиновники, которые не пропустили даже и тут посмеяться над Акакием Акакиевичем, однако же многих тронуло. Решились тут же сделать для него складчину, но собрали самую безделицу, потому что чиновники и без того уже много истратились, подписавшись на директорский портрет и на одну какую-то книгу, по предложению начальника отделения, который был приятелем сочинителю, — итак, сумма оказалась самая бездельная. Один кто-то, движимый состраданием, решился по крайней мере помочь Акакию Акакиевичу добрым советом, сказавши, чтоб он пошёл не к квартальному, потому что, хоть и может случиться, что квартальный, желая заслужить одобрение начальства, отыщет каким-нибудь образом шинель, но шинель всё-таки останется в полиции, если он не представит законных доказательств, что она принадлежит ему; а лучше всего, чтобы он обратился к одному *значительному лицу*, что *значительное лицо*, списавшись и снесясь с кем следует, может заставить успешнее идти дело. Нечего делать, Акакий Акакиевич решился идти к *значительному лицу*.

Какая именно и в чём состояла должность *значительного лица*, это осталось до сих пор неизвестным. Нужно знать, что одно *значительное лицо* недавно сделался *значительным лицом*, а до того времени он был незначительным лицом. Впрочем, место его и теперь не почиталось значительным в сравнении с другими, ещё значительнейшими. Но всегда найдётся такой круг людей, для которых незначительное в глазах прочих есть уже значительное. Впрочем, он старался усилить значительность многими другими средствами, именно: завёл, чтобы низшие чиновники встречали его ещё на лестнице, когда́ он приходи́л в до́лжность; чтобы к нему́ явля́ться пря́мо никто́ не смел, а чтоб шло всё поря́дком строжа́йшим: колле́жский регистра́тор докла́дывал бы губе́рнскому секретарю́, губе́рнский секрета́рь — титуля́рному и́ли како́му приходи́лось друго́му, и чтобы уже́ таки́м о́бразом доходи́ло де́ло до него́. Так уж на свято́й Руси́ всё заражено́ подража́нием, вся́кий дра́знит и ко́рчит своего́ нача́льника. Говоря́т да́же, како́й-то титуля́рный сове́тник, когда́ сде́лали его́ прави́телем како́й-то отде́льной небольшо́й канцеля́рии, то́тчас же отгороди́л себе́ осо́бенную ко́мнату, назва́вши её «ко́мнатой прису́тствия», и поста́вил у двере́й каки́х-то капельди́неров с кра́сными воротника́ми, в галу́нах, кото́рые брали́сь за ру́чку двере́й и отворя́ли её вся́кому приходи́вшему, хотя́ в «ко́мнате прису́тствия» наси́лу мог уста́виться обыкнове́нный пи́сьменный стол. Приёмы и обы́чаи значи́тельного лица́ бы́ли соли́дны и вели́чественны, но немногосло́жны. Гла́вным основа́нием его́ систе́мы была́ стро́гость. «Стро́гость, стро́гость и — стро́гость», — гова́ривал он обыкнове́нно и при после́днем сло́ве обыкнове́нно смотре́л о́чень значи́тельно в лицо́ тому́, кото́рому говори́л. Хотя́, впро́чем, э́тому и не́ было никако́й причи́ны, потому́ что деся́ток чино́вников, составля́вших весь прави́тельственный механи́зм канцеля́рии, и без того́ был в надлежа́щем стра́хе: зави́дя его́ и́здали, оставля́л уже́ де́ло и ожида́л, сто́я в вы́тяжку, пока́ нача́льник пройдёт че́рез ко́мнату. Обыкнове́нный разгово́р его́ с ни́зшими отзыва́лся стро́гостью и состоя́л почти́ из трёх фраз: «Как вы сме́ете? Зна́ете ли вы, с кем говори́те? Понима́ете ли, кто стои́т пе́ред ва́ми?» Впро́чем, он был в душе́ добрый человек, хорош с товарищами, услужлив; но генеральский чин совершенно сбил его с толку. Получивши генеральский чин, он как-то спутался, сбился с пути и совершенно не знал, как ему быть. Если ему случалось быть с ровными себе, он был ещё человек как следует, человек очень порядочный, во многих отношениях даже не глупый человек; но так только случалось ему быть в обществе, где были люди хоть одним чином пониже его, там он был просто хоть из рук вон: молчал, и положение его возбуждало жалость, тем более что он сам даже чувствовал, что мог бы провести время несравненно лучше. В глазах его иногда видно было сильное желание присоединиться к какому-нибудь интересному разговору и кружку, но останавливала его мысль: не будет ли это уж очень много с его стороны, не будет ли фамильярно и не уронит ли он чрез то своего значения? И вследствие таких рассуждений он оставался вечно в одном и том же молчаливом состоянии, произнося только изредка какие-то односложные звуки, и приобрёл таким образом титул скучнейшего человека. К такому-то *значительному лицу* явился наш Акакий Акакиевич, и явился во время самое неблагоприятное, весьма некстати для себя, хотя, впрочем, кстати для значительного лица. Значительное лицо находился в своём кабинете и разговорился очень-очень весело с одним недавно приехавшим старинным знакомым и товарищем детства, с которым несколько лет не видался. В это время доложили ему, что пришёл какой-то Башмачкин. Он спросил отрывисто: «Кто такой?» Ему отвечали: «Какой-то чиновник». — «А! может подождать, теперь не время», — сказал значительный человек. Здесь надобно сказать, что значительный человек совершенно прилгнул: ему было время, они давно уже с приятелем переговорили обо всём и уже давно перекладывали разговор весьма длинными молчаньями, слегка только потрепливая друг друга по ляжке и приговаривая: «Так-то, Иван Абрамович!» — «Этак-то, Степан Варламович!» Но при всём том, однако же, велел он чиновнику подождать, чтобы показать приятелю, человеку, давно не служившему и зажившемуся дома в деревне, сколько времени чиновники дожидаются у него в передней. Наконец наговорившись, а ещё более намолчавшись вдоволь и выкуривши сигарку в весьма покойных креслах с откидными спинками, он ' наконец как будто вдруг вспомнил и сказал секретарю, остановившемуся у дверей с бумагами для доклада: «Да, ведь там стоит, кажется, чиновник; скажите ему, что он может войти». Увидевши смиренный вид Акакия Акакиевича и его старенький вицмундир, он оборотился к нему вдруг и сказал: «Что вам угодно?» голосом отрывистым и твёрдым, которому нарочно учился заранее у себя в комнате, в уединении и перед зеркалом, ещё за неделю до получения нынешнего своего места и генеральского чина. Акакий Акакиевич уже заблаговременно почувствовал надлежащую робость, несколько смутился и, как мог, сколько могла позволить ему свобода языка, изъяснил с прибавлением даже чаще, чем в другое время, частиц «того», что была-де шинель совершенно новая, и теперь ограблен бесчеловечным образом, и что он обращается к нему, чтоб он ходатайством своим как-нибудь того, списался бы с господином обер-полицме́йстером и́ли други́м кем и отыска́л шине́ль. Генера́лу, неизве́стно почему́, показа́лось тако́е обхожде́ние фамилья́рным:

— Что вы, ми́лостивый госуда́рь, — продолжа́л он отры́висто, — не зна́ете поря́дка? Куда́ вы зашли́? Не зна́ете, как во́дятся дела́? Об э́том вы бы должны́ бы́ли пре́жде пода́ть про́сьбу в канцеля́рию; она́ пошла́ бы к столонача́льнику, к нача́льнику отделе́ния, пото́м переда́на была́ бы секретарю́, а секрета́рь доста́вил бы её уже́ мне...

— Но, ва́ше превосходи́тельство, — сказа́л Ака́кий Ака́киевич, стара́ясь собра́ть всю небольшу́ю горсть прису́тствия ду́ха, кака́я то́лько в нём была́, и чу́вствуя в то же вре́мя, что он вспоте́л ужа́сным о́бразом, — я ва́ше превосходи́тельство осме́лился утруди́ть потому́, что секретари́ того́... ненадёжный наро́д...

— Что, что, что? — сказа́л значи́тельное лицо́. — Отку́да вы набрали́сь тако́го ду́ха? Отку́да вы мы́слей таки́х набрали́сь? Что за бу́йство тако́е распространи́лось ме́жду молоды́ми людьми́ про́тив нача́льников и вы́сших!

Значи́тельное лицо́, ка́жется, не заме́тил, что Ака́кию Ака́киевичу забрало́сь уже́ за пятьдеся́т лет. Ста́ло быть, е́сли бы он и мог назва́ться молоды́м челове́ком, то ра́зве то́лько относи́тельно, то́ есть в отноше́нии к тому́, кому́ уже́ бы́ло се́мьдесят лет.

— Зна́ете ли вы, кому́ э́то говори́те? Понима́ете ли вы, кто стои́т пе́ред ва́ми? Понима́ете ли вы э́то, понима́ете ли э́то? я вас спра́шиваю.

Тут он то́пнул ного́ю, возведя́ го́лос до тако́й

сильной нóты, что дáже и не Акáкию Акáкиевичу сдéлалось бы стрáшно.

Акáкий Акáкиевич так и óбмер, пошатнýлся, затрясся всем тéлом и никáк не мог стоять; éсли бы не подбежáли тут же сторожá поддержáть егó, он бы шлёпнулся нá пол; егó вынесли почти без движéния. А значúтельное лицó, довóльный тем, что эффéкт превзошёл дáже ожидáние, и совершéнно упоённый мыслью, что слóво егó мóжет лишúть дáже чувств человéка, úскоса взглянýл на приятеля, чтóбы узнáть, как он на это смóтрит, и не без удовóльствия увúдел, что приятель егó находúлся в сáмом неопределённом состоянии и начинáл дáже с своéй стороны сам чувствовать страх.

Как сошёл с лéстницы, как вышел на ýлицу, ничегó уж этого не пóмнил Акáкий Акáкиевич. Он не слышал ни рук, ни ног. В жизнь свою он нé был ещё так сúльно распечён генерáлом, да ещё и чужим. Он шёл по вьюге, свистéвшей в ýлицах, разúнув рот, сбивáясь с тротуáров; вéтер, по петербýргскому обычаю, дул на негó со всех четырёх сторóн, из всех переýлков. Вмиг надýло емý в гóрло жáбу, и добрáлся он домóй, не в сúлах бýдучи сказáть ни одногó слóва; весь распýх и слёг в постéль. Так сúльно иногдá бывáет надлежáщее распекáнье!

На другóй же день обнарýжилась у негó сúльная горячка. Благодаря великодýшному вспомоществовáнию петербýргского климáта болéзнь пошлá быстрéе, чем мóжно было ожидáть, и когдá явúлся дóктор, то он, пощýпавши пульс, ничегó не нашёлся сдéлать, как тóлько прописáть припáрку, едúнственно ужé для тогó, чтóбы больнóй не остáлся без благодéтельной пóмощи медицúны; а впрóчем, тут же объяви́л ему́ чрез полтора́ су́ток непреме́нный ка́пут. По́сле чего́ обрати́лся к хозя́йке и сказа́л:

— А вы, ма́тушка, и вре́мени да́ром не теря́йте, закажи́те ему́ тепе́рь же сосно́вый гроб, потому́ что дубо́вый бу́дет для него́ до́рог.

Слы́шал ли Ака́кий Ака́киевич э́ти произнесённые ро́ковы́е для него́ слова́, а е́сли и слы́шал, произвели́ ли они́ на него́ потряса́ющее де́йствие, пожале́л ли он о горемы́чной свое́й жи́зни, — ничего́ э́того не изве́стно, потому́ что он находи́лся всё вре́мя в бреду́ и жару́. Явле́ния, одно́ друго́го странне́е, представля́лись ему́ беспреста́нно: то ви́дел он Петро́вича и зака́зывал ему́ сде́лать шине́ль с каки́ми-то западня́ми для воро́в, кото́рые чу́дились ему́ беспреста́нно под крова́тью, и он помину́тно призыва́л хозя́йку вы́тащить у него́ одного́ во́ра да́же из-под одея́ла; то спра́шивал, заче́м виси́т пе́ред ним ста́рый капо́т его́, что у него́ есть но́вая шине́ль; то чу́дилось ему́, что он стои́т пе́ред генера́лом, выслу́шивая надлежа́щее распека́нье, и пригова́ривает: «Винова́т, ва́ше превосходи́тельство!», то, наконе́ц, да́же скверноху́льничал, произнося́ са́мые стра́шные слова́, так что стару́шка хозя́йка да́же крести́лась, о́троду не слыха́в от него́ ничего́ подо́бного, тем бо́лее, что слова́ э́ти сле́довали непосре́дственно за сло́вом «ва́ше превосходи́тельство». Да́лее он говори́л соверше́нную бессмы́слицу, так что ничего́ нельзя́ бы́ло поня́ть; мо́жно бы́ло то́лько ви́деть, что беспоря́дочные слова́ и мы́сли воро́чались о́коло одно́й и той же шине́ли. Наконе́ц бе́дный Ака́кий Ака́киевич испусти́л дух.

Ни ко́мнаты, ни веще́й его́ не опеча́тывали, потому́ что, во-пе́рвых, не́ было насле́дников, а во-вторых, оставалось очень немного наследства, именно: пучок гусиных перьев, десть белой казённой бумаги, три пары носков, две-три пуговицы, оторвавшиеся от панталон, и уже известный читателю капот. Кому всё это досталось, Бог знает: об этом, признаюсь, даже не интересовался рассказывающий сию повесть. Акакия Акакиевича свезли и похоронили. И Петербург остался без Акакия Акакиевича, как будто бы в нём его и никогда не было. Исчезло и скрылось существо, никем не защищённое, никому не дорогое, ни для кого не интересное, даже не обратившее на себя внимание и естествонаблюдателя, не пропускающего посадить на булавку обыкновенную муху и рассмотреть её в микроскоп; существо, переносившее покорно канцелярские насмешки и без всякого чрезвычайного дела сошедшее в могилу, но для которого всё же таки, хотя перед самым концом жизни, мелькнул светлый гость в виде шинели, ожививший на миг бедную жизнь, и на которое так же потом нестерпимо обрушилось несчастие, как обрушивалось на царей и повелителей мира... Несколько дней после его смерти послан был к нему на квартиру из департамента сторож с приказанием немедленно явиться: начальник-де требует; но сторож должен был возвратиться ни с чем, давши отчёт, что не может больше прийти, и на запрос: «Почему?» выразился словами: «Да так, уж он умер, четвёртого дня похоронили». Таким образом узнали в департаменте о смерти Акакия Акакиевича, и на другой день уже на его месте сидел новый чиновник, гораздо выше ростом и выставлявший буквы уже не таким прямым почерком, а гораздо наклоннее и косее.

Но кто бы мог вообразить, что здесь ещё не всё об Акакии Акакиевиче, что суждено ему на несколько дней прожить шумно после своей смерти, как бы в награду за не примеченную никем жизнь? Но так случилось, и бедная история наша неожиданно принимает фантастическое окончание. По Петербургу пронеслись вдруг слухи, что у Калинкина моста и далеко подальше стал показываться по ночам мертвец в виде чиновника, ищущего какой-то утащенной шинели, и под видом стащенной шинели сдирающий со всех плеч, не разбирая чина и звания, всякие шинели: на кошках, на бобрах, на вате, енотовые, лисьи, медвежьи шубы, — словом, всякого рода меха и кожи, какие только придумали люди для прикрытия собственной. Один из департаментских чиновников видел своими глазами мертвеца и узнал в нём тотчас Акакия Акакиевича; но это внушило ему, однако же, такой страх, что он бросился бежать со всех ног и оттого не мог хорошенько рассмотреть, а видел только, как тот издали погрозил ему пальцем. Со всех сторон поступали беспрестанно жалобы, что спины и плечи пускай бы ещё только титулярных, а то даже самих тайных советников подвержены совершенной простуде по причине ночного сдёргивания шинелей. В полиции сделано было распоряжение поймать мертвеца во что бы то ни стало, живого или мёртвого, и наказать его, в пример другим, жесточайшим образом, и в том едва было даже не успели. Именно, будочник какого-то квартала в Кирюшкином переулке схватил было уже совершенно мертвеца за ворот на самом месте злодеяния, на покушении сдёрнуть фризовую шинель с какого-то отставного музыка́нта, свиста́вшего в своё вре́мя на фле́йте. Схвати́вши его́ за во́рот, он вы́звал свои́м кри́ком двух други́х това́рищей, кото́рым поручи́л держа́ть его́, а сам поле́з то́лько на одну́ мину́ту за сапо́г, что́бы вы́тащить отту́да тавли́нку с табако́м, освежи́ть на вре́мя шесть раз на веку́ примороженный нос свой; но таба́к, ве́рно, был тако́го ро́да, кото́рого не мог вы́нести да́же и мертве́ц. Не успе́л бу́дочник, закры́вши па́льцем свою́ пра́вую ноздрю́, потяну́ть ле́вою полго́рсти, как мертве́ц чихну́л так си́льно, что соверше́нно забры́згал им всем тро́им глаза́. Пока́мест они́ поднесли́ кулаки́ протере́ть их, мертвеца́ и след пропа́л, так что они́ не зна́ли да́же, был ли он то́чно в их рука́х. С э́тих пор бу́дочники получи́ли тако́й страх к мертвеца́м, что да́же опаса́лись хвата́ть и живы́х, и то́лько и́здали покри́кивали: «Эй, ты, ступа́й свое́ю доро́гою!», и мертве́ц чино́вник стал пока́зываться да́же за Кали́нкиным мо́стом, наводя́ нема́лый страх на всех ро́бких люде́й. Но мы, одна́ко же, соверше́нно оста́вили *одно́ значи́тельное лицо́*, кото́рый по-настоя́щему, едва́ ли не́ был причи́ною фантасти́ческого направле́ния, впро́чем, соверше́нно и́стинной исто́рии. Пре́жде всего́ долг справедли́вости тре́бует сказа́ть, что *одно́ значи́тельное лицо́*, ско́ро по ухо́де бе́дного распечённого впух Ака́кия Ака́киевича, почу́вствовал что́-то вро́де сожале́ния. Сострада́ние бы́ло ему́ не чу́ждо; его́ се́рдцу бы́ли досту́пны мно́гие до́брые движе́ния, несмотря́ на то, что чин весьма́ ча́сто меша́л им обнару́живаться. Как то́лько вы́шел из его́ кабине́та прие́зжий прия́тель, он да́же заду́мался о бе́дном Ака́кии Ака́киевиче. И с э́тих пор почти́ вся́кий день представля́лся ему́ бле́дный Ака́-

кий Акакиевич, не выдержавший должностного распеканья. Мысль о нём до такой степени тревожила его, что неделю спустя он решился даже послать к нему чиновника узнать, что он и как и нельзя ли в самом деле чем помочь ему; и когда донесли ему, что Акакий Акакиевич умер скоропостижно в горячке, он остался даже поражённым, слыша упрёки совести и весь день был не в духе. Желая сколько-нибудь развлечься и позабыть неприятное впечатление, он отправился на вечер к одному из приятелей своих, у которого нашёл порядочное общество, а что всего лучше — все там были почти одного и того же чина, так что он совершенно ничем не мог быть связан. Это имело удивительное действие на душевное его расположение. Он развернулся, сделался приятен в разговоре, любезен, — словом, провёл вечер очень приятно. За ужином выпил он стакана два шампанского — средство, как известно, недурно действующее в рассуждении весёлости. Шампанское сообщило ему расположение к разным экстренностям, а именно: он решил не ехать ещё домой, а заехать к одной знакомой даме, Каролине Ивановне, даме, кажется, немецкого происхождения, к которой он чувствовал совершенно приятельские отношения. Надобно сказать, что значительное лицо был уже человек не молодой, хороший супруг, почтенный отец семейства. Два сына, из которых один служил уже в канцелярии, и миловидная шестнадцатилетняя дочь с несколько выгнутым, но хорошеньким носиком, приходили всякий день целовать его руку, приговаривая «Bonjour, papa». Супруга его, ещё женщина свежая и даже ничуть не дурная, давала ему прежде поцеловать

свою ру́ку и пото́м, переворот́ивши её на другу́ю
сто́рону, целова́ла его́ ру́ку. Но значи́тельное лицо́,
соверше́нно, впро́чем, дово́льный дома́шними семе́й-
ными не́жностями, нашёл прили́чным име́ть для
дру́жеских отноше́ний прия́тельницу в друго́й ча́сти
го́рода. Эта прия́тельница была́ ничу́ть не лу́чше
и не моло́же жены́ его́; но таки́е уж зада́чи быва́ют
на све́те, и суди́ть об них не на́ше де́ло. Ита́к, зна-
чи́тельное лицо́ сошёл с ле́стницы, сел в са́ни и ска-
за́л ку́черу: «К Кароли́не Ива́новне», а сам, заку́-
тавшись весьма́ роско́шно в тёплую шине́ль, оста-
ва́лся в том прия́тном положе́нии, лу́чше кото́рого
и не вы́думаешь для ру́сского челове́ка, то́ есть когда́
сам ни о чём не ду́маешь, а ме́жду тем мы́сли са́ми
ле́зут в го́лову, одна́ друго́й прия́тнее, не дава́я да́же
труда́ гоня́ться за ни́ми и иска́ть их. По́лный удо-
во́льствия, он слегка́ припомина́л все весёлые места́
проведённого ве́чера, все слова́, заста́вившие хо-
хота́ть небольшо́й круг; мно́гие из них он да́же
повторя́л вполго́лоса и нашёл, что они́ всё так же
смешны́, как и пре́жде, а потому́ не мудрено́, что
и сам посме́ивался от души́. Изре́дка меша́л ему́,
одна́ко же, поры́вистый ве́тер, кото́рый, вы́хватив-
шись вдруг Бог зна́ет отку́да и неве́сть от како́й
причи́ны, так и ре́зал в лицо́, подбра́сывая ему́ туда́
клочки́ сне́га, хлобу́ча, как па́рус, шине́льный во-
ротни́к и́ли вдруг с неесте́ственною си́лою набра́-
сывая ему́ его́ на го́лову и доставля́я таки́м о́бразом
ве́чные хло́поты из него́ выкара́бкиваться. Вдруг
почу́вствовал значи́тельное лицо́, что его́ ухвати́л
кто́-то весьма́ кре́пко за воротни́к. Оберну́вшись, он
заме́тил челове́ка небольшо́го ро́ста, в ста́ром поно́-
шенном вицмунди́ре, и не без у́жаса узна́л в нём

Ака́кия Ака́киевича. Лицо́ чино́вника бы́ло бле́дно, как снег, и гляде́ло соверше́нным мертвецо́м. Но у́жас значи́тельного лица́ превзошёл все грани́цы, когда́ он уви́дел, что рот мертвеца́ покриви́лся и, пахну́вши на него́ стра́шно моги́лою, произнёс таки́е ре́чи:

— А! так вот ты наконе́ц! Наконе́ц я тебя́ того́, пойма́л за воротни́к! Твое́й-то шине́ли мне и ну́жно! Не похлопота́л об мое́й, да ещё и распёк, — отдава́й же тепе́рь свою́!

Бе́дное *значи́тельное лицо́* чуть не у́мер. Как ни был он хара́ктерен в канцеля́рии и вообще́ пе́ред ни́зшими, и хотя́, взгляну́вши на оди́н му́жественный вид его́ и фигу́ру, вся́кий говори́л: «У, како́й хара́ктер!», но здесь он, подо́бно весьма́ мно́гим, име́ющим богаты́рскую нару́жность, почу́вствовал тако́й страх, что не без причи́ны да́же стал опаса́ться насчёт како́го-нибудь боле́зненного припа́дка. Он сам да́же ски́нул поскоре́е с плеч шине́ль свою́ и закрича́л ку́черу не свои́м го́лосом:

— Пошёл во весь дух домо́й!

Ку́чер, услы́шавши го́лос, кото́рый произно́сится обыкнове́нно в реши́тельные мину́ты и да́же сопровожда́ется кое-че́м гора́здо действи́тельнейшим, упря́тал на вся́кий слу́чай го́лову свою́ в пле́чи, замахну́лся кнуто́м и помча́лся, как стрела́. Мину́т в шесть с небольши́м значи́тельное лицо́ уже́ был пред подъе́здом своего́ до́ма. Бле́дный, перепу́ганный и без шине́ли, вме́сто того́ чтобы к Кароли́не Ива́новне, он прие́хал к себе́, доплёлся кое-ка́к до свое́й ко́мнаты и провёл ночь весьма́ в большо́м беспоря́дке, так что на друго́й день поутру́ за ча́ем дочь ему́ сказа́ла пря́мо: «Ты сего́дня совсе́м бле́ден, папа». Но папа молчал и никому ни слова о том, что с ним случилось, и где он был, и куда хотел ехать. Это происшествие сделало на него сильное впечатление. Он даже гораздо реже стал говорить подчинённым: «Как вы смеете, понимаете ли, кто перед вами»; если же и произносил, то уж не прежде, как выслушавши сперва, в чём дело. Но ещё более замечательно то, что с этих пор совершенно прекратилось появление чиновника-мертвеца: видно, генеральская шинель пришлась ему совершенно по плечам; по крайней мере, уже не было нигде слышно таких случаев, чтобы сдёргивали с кого шинели. Впрочем, многие деятельные и заботливые люди никак не хотели успокоиться и поговаривали, что в дальних частях города всё ещё показывался чиновник-мертвец. И точно, один коломенский будочник видел собственными глазами, как показалось из-за одного дома привидение; но, будучи по природе своей несколько бессилен, так что один раз обыкновенный взрослый поросёнок, кинувшись из какого-то частного дома, сшиб его с ног, к величайшему смеху стоявших вокруг извозчиков, с которых он вытребовал за такую издёвку по грошу на табак, — итак, будучи бессилен, он не посмел остановить его, а так шёл за ним в темноте до тех пор, пока наконец, привидение вдруг оглянулось и, остановясь, спросило: «Тебе чего хочется?» и показало такой кулак, какого и у живых не найдёшь. Будочник сказал: «Ничего», да и поворотил тот же час назад. Привидение, однако же, было уже гораздо выше ростом, носило преогромные усы и, направив шаги, как казалось, к Обухову мосту, скрылось совершенно в ночной темноте.

Page

1   ничего́ нет серди́тее вся́кого ро́да департа́-
ментов... департа́ментов, полко́в, etc. are
gen. after the comparative; вся́кого ро́да is
a fixed phrase: *there is nothing more touchy
than departments... of all kinds.*

„   Тепе́рь уже́ вся́кий ча́стный челове́к Here
уже́ has no independent meaning: it adds
emphasis to what follows.

„   счита́ет в своём лице́ оскорблённым всё
о́бщество *considers the whole of society to
be insulted in his person,* i.e. *when he is.*

„   не по́мню како́го-то го́рода Here како́го-то
is not the indefinite pronoun како́й-то *some,*
but simply како́й *which,* with the emphatic
pcle -то. This is a colloquial form, giving
emphasis which is expressed in English by
intonation and stress: *I don't remember
which town.*

„   преогро́мнейший том The tautological use
of both the prefix пре- and the superlative

45

suffix -ейший provides humorous exaggeration: *a most enormous tome.*

1 рябова́т... рыжева́т... подслепова́т The suffix -ова́тый can be added to any adjective to give the sense *somewhat*, much as *-ish* is used in English, e.g. *reddish*. Gogol's use of не́сколько *somewhat* along with these forms is deliberately tautological. Note the rhythm of this passage.

„ чин The following is the Table of Ranks introduced by Peter the Great in 1722, with corresponding ranks in the Civil Service and Army:

1 Ка́нцлер — Генера́л-фельдмарша́л
2 Действи́тельный та́йный сове́тник — Генера́л
3 Та́йный сове́тник — Генера́л-лейтена́нт
4 Действи́тельный ста́тский сове́тник — Генера́л-майо́р
5 Ста́тский сове́тник
6 Колле́жский сове́тник — Полко́вник
7 Надво́рный сове́тник — Подполко́вник
8 Колле́жский асе́ссор — Капита́н, Майо́р
9 Титуля́рный сове́тник — Штабс-капита́н
10 Колле́жский секрета́рь — Пору́чик
11 Корабе́льный секрета́рь
12 Губе́рнский секрета́рь

13 Провинциа́льный секрета́рь
14 Колле́жский регистра́тор
All ranks were considered to belong to the
nobility, but only those above the ninth
conferred the status of hereditary nobility.
The titles used in addressing superiors were:
for ranks below the eighth — Ва́ше благо-
ро́дие; for ranks eight to six — Ва́ше высо-
коблагоро́дие; rank five — Ва́ше высоко-
ро́дие; ranks three and four — Ва́ше пре-
восходи́тельство; ranks one and two —
Ва́ше высокопревосходи́тельство. Referen-
ces to these ranks are common throughout
nineteenth century Russian literature, e.g. in
Chekhov's story «То́лстый и то́нкий».

2   то он был то́,... The first то is a conjunction
then referring back to the previous clause,
the second is a pronoun providing a link with
the following clause.

„   что называ́ют ... сове́тник The verb назы-
ва́ть normally has its complement in the
instr. as in the phrase above что называ́ется
геморроида́льным. Here and in other places
Gogol uses the nominative in order to make
the name or title stand out in isolation (in
reading there would be a slight pause before
it). Similarly the verb звать may have the
complement in either case: Его́ зову́т Ива́н
or Ива́ном.

2   **натруни́лись и наостри́лись** The prefix **на-** and the reflexive particle may be added to almost any verb to express the performance of the action *to one's heart's content, till one is satisfied.* The basic verbs here are **труни́ть** *to chaff* and **остри́ть** *to make witticisms.* The addition of **вдо́воль** here is strictly unnecessary and serves to build up exaggeration. Further examples of such verbs later in the story are: **нае́сться** *to eat one's fill;* **наговори́вшись** *having talked to their heart's content and* **намолча́вшись** *having sat silent to their heart's content.*

„   **и э́то произошло́ и́менно во́т как** *and here is exactly how it happened.*

„   **про́тив но́чи... на два́дцать тре́тье ма́рта** i.e. in fact *on the 22nd, the night* before *the 23rd.*

„   **Еро́шкин** cf. **еро́шить** *to tousle,* **взъеро́шенный** *dishevelled;* **Белобрю́шкова** cf. **бе́лый** and **брю́хо** *belly.*

„   **имена́-то всё таки́е** Here **-то** is a colloquial particle emphasising the word to which it is appended; **всё** is an adverb expressing the continuation or process of the action: *these names we keep getting are such awful ones.* The names are being chosen at random from the Church calendar — cf. note to p. 28.

3   Ну уж я ви́жу... Уж е́сли так... The particle
    уж (always unstressed) has a variety of uses.
    Here as an introductory word it corresponds
    more or less to *really*. cf. note to p. 22.
    The name means 'guileless' from Greek *a-kalos*
    'without evil'.

„   Мы привели́ потому́ э́то, чтобы... The word
    order emphasises потому́: *for the following
    reason...*

„   ско́лько ни переменя́лось директоро́в The
    impersonal verb emphasises Akaky Akakie-
    vich's attitude: the appointment of new
    directors is part of an impersonal, almost
    elemental machinery of which he has no
    understanding. Other possible constructions
    would be переменя́лись директора́ — as if
    the directors themselves were responsible for
    the changes, or переменя́ли директоро́в —
    'they', the authorities, change them; but
    neither is so expressive. Ни is emphatic:
    *however many changes there might be in the
    directors.*

„   его видели... тем же чино́вником для письма́ *They saw him there... [as] the same
    copying-clerk.* The instr. is used in exten-
    sions of the predicate to express state; cf.
    я нашёл журна́л интере́сным *I found the
    magazine interesting.*

4   и име́л ли на то́ пра́во *nor whether he had
    any right to do so.*

4   острились is abnormal: the verb is simply острить.

„   во сколько хватало канцелярского остроумия *as far as office humour went.*

„   разные составленные про него истории — i.e. разные истории, составленные о нём.

„   сыпали на голову ему бумажки This is a common construction, with the dative of the person to whom the action is done, instead of the possessive pronoun — сыпали на его голову.

„   как будто бы никого и не было перед ним Besides 'and', и has many uses, often, as here, being simply emphatic, stressing the word or phrase following it: *just as if there was nobody at all before him.*

„   Только если уж слишком была невыносима шутка The particle уж adds emphasis either to the preceding or following word, usually a pronoun or adverb. It is characteristic of spoken Russian and often corresponds to a particular 'tone of voice' in English: *It was only if the joke was too unbearable...;* cf. не так уж плохо *not so bad, not too bad.*

4   когда́ толка́ли его́ по́д руку *when they pushed him under the arm*, i.e. *shoved his elbow.*

,,   в го́лосе, с каки́м они́ бы́ли произнесены́ One would expect the instr. without c, e.g. он говори́л гро́мким го́лосом *he spoke in a loud voice.* The use of c here presents the voice in a more vivid manner, as if it were one of several accompanying characteristics, e.g. он говори́л с волне́нием, со слеза́ми на глаза́х, с таки́м жа́лким го́лосом, что...

,,   что́-то тако́е преклоня́ющее на жа́лость *something which inclined [one] so much to pity...*

,,   позво́лил бы́ло себе́ посмея́ться... вдруг останови́лся Here бы́ло is a particle, used with the past tense of a perfective verb to express an action which is contemplated or just begun and then abandoned: *he was on the point of permitting himself to laugh at him [but] suddenly stopped...*

5   и закрыва́л себя́ руко́ю *covered his face with his hand.*

,,   Вря́д ли где мо́жно бы́ло найти́... *I doubt whether you could have found anywhere...*

51

5   кото́рый так жил бы... Here бы fulfils the role of the subjunctive, made necessary by the doubt expressed in the preceding clause, вряд ли...; cf. сомнева́юсь, что́бы он сказа́л э́то *I doubt whether he said that.*

"   ему́ ви́делся како́й-то свой... мир *He saw before him some sort of... world of his own.* The subject of the Russian sentence is мир, and normally свой cannot qualify the subject itself, since its function is to refer to something possessed by the subject. Here it refers not to мир but to Akaky Akakievich. It is used in this way to express very intimate possession, e.g. Вы для нас свой челове́к *You're one of us;* and with the possessive construction with у, e.g. у него́ свой дом *he has his (own) house.*

"   до кото́рых éсли он добира́лся, то был сам не свой The syntax is disjointed: *to which, when he came to them, [then] he was beside himself.* "To" often occurs as a conjunction in the principal clause after a subordinate clause of condition or reason, strengthening the link between the two.

"   и подсме́ивался, и подми́гивал Here под- gives the nuance of doing one action as an accompaniment to another or to help it along, e.g. подпева́ть *to join in singing,* поддáки-

52

вать *to be continually expressing agreement (a 'yes-man')*. Под- also suggests performing the action to a slight extent: *laughed gently to himself as he wrote.*

5   даже попáл бы в стáтские совéтники *might even get as far as or be promoted to the rank of a State Councillor.* After в one might expect the accusative стáтских совéтников. However, in phrases meaning '*become enlisted in, get a job as*', etc. this form is always used, e.g. произвестú в офицéры *to grant a commission to, promote*; прийти в гóсти *to come to visit.* To describe the state or occupation once one occupies it, the prepositional is used: онú бы́ли у нас в гостя́х, он служúл в стáтских совéтниках, онá служúла в кухáрках.

"   желáя The verb хотéть now has no gerund, хотя́ having become fixed as conjunction, and желáя is used instead.

"   приказáл дать емý *ordered that he should be given* — An indirect object of приказáть in the dative is understood (e.g. им).

"   поважнéе *rather more important* По- may be added to any comparative adjective to give this nuance. There are several examples in this story, e.g. побойчéе *rather more spirited.*

5 вéлено бы́ло емý сдéлать: емý is the indirect object of велéть: *he was ordered to make.*

" дéло состоя́ло тóлько в тóм, чтобы переменúть... *the whole thing simply came to changing...* The pronoun тот in the appropriate case must often be used to form the link between a verb or preposition and a subordinate clause. cf. a few lines below несмотря́ на тó, что... *notwithstanding [the fact] that...*

" лýчше дáйте я перепишý чтó-нибудь *you'd better let me copy something* Here дáйте suggests not only literally '*give*' but also the sense '*let*', cf. дáйте емý говорúть *let him speak.*

6 вицмундúр у негó *his uniform* The construction with y is frequently used in preference to the possessive pronoun with the subject of a sentence.

" воротничóк на нём был ýзенький, нúзенький Diminutives of both nouns and adjectives are characteristic of the speech of the lower classes in Russia. Gogol uses many in «Шинель»to give the flavour of non-literary colloquial speech; cf. below сенцá кусóчек.

" котёнков *kittens* The normal plural of котёнок and of the young of all animals ends in -ата. (The latter form is in origin a collective). The artificial form used here emphasises the fact that these are not real kittens and is in itself slightly facetious. The explanation of the whole is apparently: *like those plaster kittens with waggling heads [on long flexible necks?] which foreign hawkers in Russia carry on their heads in dozens [presumably on trays].*

6   и всегда́ что́-нибудь да прилипа́ло... Here да is a particle expressing inevitability: [*whatever he might do to keep it clean*] *there was always bound to be something sticking to his coat.*

„   ходя́ по у́лице   This gerund is no longer used. Possible alternatives are проходя́ or, in the case of a specific occasion идя́; but normally a subordinate clause would be used: когда́ он ходи́л...

„   ...не обрати́л внима́ния на то́, что де́лает-ся..., на что́, etc.   *he paid no attention to what was happening,... at which, as we all know, his brother clerks ... will always look.*

„   е́сли и гляде́л на что, то ви́дел... Here и is an emphatic particle: *even if he did look at anything, (then) he saw...*

7   и со всем тем, что ни посылáл Бог Here ни gives the sense *whatever: and with anything whatever that God might send* — cf. the old saying describing food offered to a visitor: (угощáл) чем Бог послáл (*served*) *with whatever was available*, i.e. 'pot luck'.

„   замéтивши The ending -вши for perfective gerunds is archaic, except in reflexive verbs: замéтив is now normal.

„   нá дом *home, to the house* In many fixed phrases consisting of preposition plus noun the stress falls on the preposition, leaving the noun unstressed, especially if the phrase has come to be considered as an adverb rather than two separate words; cf. пóд гору *downhill*.

„   Если же такúх не случáлось *cf.* у меня нé было (никакúх) дéнег In negative statements not only быть but many other verbs may be made impersonal, with the logical subject in the genitive.

„   кто как мог *each one as he could* In such phrases where кто, что, как, где, *etc.* are combined with another pronoun or adverb, the sense is distributive — *one doing one thing, another another; or one in one way, another in another.* cf. for instance комý как *different people do things in various ways.*

7   когда́ всё отдохну́ло *when everything (not only, but including, the people) had h'ad a rest.*

„   кто побойче́е, несётся...; кто на у́лицу... *etc.* A use of кто similar to that described two notes above: *one who is more frisky... or the more frisky ones... while others...,* and so on.

„   определя́л его́ Here and later его́ is вре́мя.

„   к своему́ бра́ту not literally *brother,* but *one of his kind.*

„   рассе́иваются по ма́леньким кварти́ркам Here по has distributive meaning, cf. разойти́сь по дома́м *to separate and go (each to his particular) home.*

8   когда́ не́ о чем говори́ть *when there is nothing to talk about.* Не́чего *there is nothing* splits into its two parts when used with a preposition. (The origin of the phrase is нет + чего́.)

„   хвост у ло́шади Фальконе́това монуме́нта The famous equestrian statue of Peter the Great in Leningrad. The horse is rearing on its hind legs, and as the third point of support is its tail, cutting it would make the whole statue collapse. It was made by the French sculptor Etienne Falconet in the second half of the eighteenth century.

8   что́-то Бог пошлёт... за́втра Here что́-то is not *something* but simply что *what*, with the particle -то added for emphasis (cf. note to p. 19) : he is wondering just *what* will turn up next day.

„   Враг э́тот не кто друго́й, как... *This enemy is no other than...*

„   в девя́том часу́ утра́ *between eight and nine a.m.*

„   когда́ у́лицы покрыва́ются иду́щими в де-парта́мент Supply людьми́. A similar use of the participle occurs a few lines below: да́же у занима́ющих вы́сшие до́лжности *even of those who occupy senior positions.*

„   без разбо́ру and below от моро́зу. The archaic and colloquial masculine gen. sing. ending -у would in modern Russian be replaced by -а. It still survives in various fixed phrases, e.g. из дому *out of the house, and in the partitive* e.g. ча́шка ча́ю *a cup of tea.*

9   нато́паться хороше́нько нога́ми *have a good old stamp with their feet* — cf. note to p. 20 on на-, -ся.

9   его́ ка́к-то осо́бенно си́льно ста́ло пропека́ть в спи́ну Verbs aré often used impersonally in describing natural phenomena, e.g. Волно́й разби́ло ло́дку *The boat was smashed by a wave*. Note the paradoxical effect of пропека́ть *to bake through* or *very hot* in talking of frost.

„   Он поду́мал, наконе́ц, не заключа́ется ли каки́х грехо́в в его́ шине́ли *At last he wondered whether there mightn't be any faults in his coat* Here заключа́ется has a rather official flavour, while грехи́ in this sense is colloquial.

„   она́ сде́лалась то́чная серпя́нка After де́латься *become* the complement is normally in the instr., e.g. сде́лался весёлым. The nominative here isolates серпя́нка in a more dramatic way than the 'normal' construction would.

„   не пока́зывало иску́сства портно́го *showed no signs of the tailor's art*.

„   по чёрной ле́стнице Blocks of flats in St. Petersburg had two stairways: the main, front entrance — пара́дная — and the other — чёрная — entered from the yard at the back.

10   подавайте нам и Петрович сюда This is very colloquial: *let's have a look at old Petrovich too.*

,,   Сначала он назывался просто Григорий... Russian peasants were generally known in the village by their Christian names, often with a nickname referring to their occupation or other characteristic, e.g. Григорий Портной; or more formally by Christian name and patronymic (surnames were little used). The patronymic alone was used as a form of address for old respected members of the village community — patriarchs. The tailor, Григорий Петрович Иванов (to give him a surname) has gained his freedom, come from the country to the city, and set up as a tailor: he now expects due respect from his customers of the lower classes and therefore adopts this form of name.

,,   по всяким праздникам... In the Orthodox Church calendar there were twelve Great festivals (printed in red) and a large number of saints' days (marked with a cross) of which a varying number were celebrated in various parts of the country — largely, it appears, as an excuse for the peasants to get drunk.

,,   немкой The term немец was widely used among the lower classes at this time for all foreigners with whom they came into contact. Petrovich is therefore using it as a very general term of abuse here: he implies that by drinking on church festivals he is being faithful to the Orthodox Church, whereas his wife in objecting to his drinking is like the contemptible foreigners who do not respect Orthodox Russian ways.

10   слóва два Inversion of numeral and noun is the normal way of expressing an approximate number: *about two words, a couple of words,* as opposed to два слóва *two words (exactly).*

„   рáзве тóлько тó, что у Петрóвича есть женá This is a continuation of the construction in the preceding clause, with то in apposition with немнóго: *little was known about her, except perhaps that P. had a wife.*

„   нóсит дáже чéпчик This is another subordinate clause — извéстно... [что онá] нóсит... Peasant women wore kerchiefs on their heads: her wearing a bonnet is another sign of the Petroviches' pretensions to higher status.

„   ей под чéпчик cf. note on на гóлову емý on p. 22.

10   моргну́вши у́сом Elliptical construction combining *winking* and the way it made the whisker or moustache twitch.

11   мину́ты с три *about three minutes* The preposition с with the acc. expresses approximation, e.g. оста́лся там с неде́лю *stayed there about a week*; ма́льчик с па́льчик *Tom Thumb (about the same size as a finger).*

„   продева́л ни́тку The imperfective verb here expresses not only the length of time, but also an attempt to carry out the action, so far without result — *had been trying to thread his needle.*

„   осади́лся сиву́хой *he's been swilling liquor.*

„   му́ж-де: де (or де́скать) is a particle used colloquially when, as here, a person telling a story is reporting someone else's speech.

„   но гри́венник, быва́ло, оди́н приба́вишь *but if you just added another ten kopecks...* The particle быва́ло expresses actions frequently repeated in the past. It can be used with the past tense, but usually, as here, it occurs for the sake of vividness with the 'future'.

11 охо́тник зала́мливать... це́ны *was a great one for putting on... the price.*

„   хоте́л бы́ло уже́... на попя́тный двор *was just about to clear out* For бы́ло see note to p. 22. The operative verbs is quite often omitted in Russian sentences, e.g. вы ко мне *are you coming to see me?*

„   здра́вствовать жела́ю suggests the pre-Revolutionary military greeting to a superior officer, здра́вия жела́ю *I wish you health.*

12 что́ ж тако́е? *well, what is it?* Тако́е is used to add emphasis to что and кто in asking for a definition or further information, e.g. что́ тако́е пра́вда? *what is truth?* кто́ он тако́й? *(exactly) who is he?*

„   э́то пе́рвое, что он сде́лает при встре́че *that's the first thing he does when he meets you.* The perfective 'future' expresses actions which have the inevitability of constant recurrence; cf. proverbs like си́ла всегда́ своё возьмёт *force always prevails.*

„   попротёрлось and below поистёрлось: по- has been added to these verbs to give the nuance of *a little, somewhat.*

„   вот и всё *that's all (there is to it).*

63

12   полéз рукóю на окнó за... *reached out with his hand to the window-sill for...*

13   ведь тóлько всегó что... Ведь (connected with the archaic verb ведети *to know*) is an unstressed particle used to introduce an objection (where in English a rising intonation would be used, e.g. ведь я вам сказáл э́то *that's what I told you*). Usually there is no need to translate it by a separate word, but sometimes *you know* or *you see* are possible. Here: *It's just that it's got a little bit worn on the shoulders.*

„   у тебя́ éсть же... Же emphasise есть strongly: *you* must *have some little pieces of cloth lying around.*

„   Да кусóчки-то мóжно найти́... да наши́ть--то нельзя́ For -то see note to pp. 19 and 26. The first да means *oh yes*, the second да *but*. *Oh, I could find some pieces all right... but it's sewing them on that's impossible.*

„   трóнешь иглóй... The future here expresses condition: *If you (just) touch it with a needle, (and) it will (just) fall to pieces.* и emphasises ползёт.

„   а ты тóтчас заплáточку A verb like наложи́ or пришéй is understood.

13   не́ на чем положи́ть..., укрепи́ться ей не́ за что The construction in both of these sentences is with не́чего; ей refers to запла́точка which appears in the genitive in the first sentence because of the negative. *There's nothing for it to fix itself on to.*

„   то́лько сла́ва, что сукно́ *it is cloth only in name* or *by stretching a point.*

„   а поду́й ве́тер... The imperative is quite often used with conditional meaning: *Let the wind blow* or *the wind need only blow and it will fall to pieces.*

„   Как же э́так, пра́во, того́ More of Akaky Akakevich's incoherence. One translator makes this: *I mean, it can't be just, er — really, you know...*

„   э́то не́мцы вы́думали cf. note to p. 28. *It was the Germans who thought up...*

„   а шине́ль уж, ви́дно... straightforward word order would be: а придётся вам де́лать но́вую шине́ль.

„   всё что ни бы́ло Here ни is emphatic: *everything that there was in the room.*

„   одного́ то́лько taken together mean *only, nothing but.*

65

14 а éсли бы пришлóсь нóвую, как бы онá тогó *and if I had to (buy) a new one, how would it, er...*

„ Да-с: -с was an abbreviation of сýдарь *sir*, used as a respectful form of address to superiors or with ironic politeness.

„ да ещё каковá шинéль *and not much of a coat at that.*

„ Éсли положúть... Éсли is frequently used with an infinitive instead of a personal finite verb — *If one were to put on...*

„ так и в двéсти войдёт *then it would even go up to 200 roubles.*

15 вы́шед Such gerunds from compounds of идтú are now archaic, the modern form being вы́йдя.

„ э́таково-то дéло э́такое — tautological and incoherent —- *this is a business, this is.*

„ стрóившегося дóма *a house that was being built.*

„ Чегó лéзешь в сáмое ры́ло? *What are you doing creeping right up into my face?* One would not normally use ры́ло '*ugly mug*' in speaking about one's own face!

16   будет коси́ть гла́зом и заспа́вшись The odd
syntax is explained by the colloquial use of
the gerund as a predicate, cf. он вы́пивши
he's drunk (he is in a state of having drunk).
Thus он бу́дет заспа́вшись. cf. below был
совсе́м заспа́вшись.

„   я ему́ гри́венник Supply дам.

„   он пря́мо к нему́ Supply пошёл.

„   изво́льте *deign, have the goodness* was another of the respectful and self-abasing for-
mulae used in addressing superiors. It can
usually be omitted so far as sense is concerned.

„   А.А. ещё бы́ло насчёт почи́нки Supply за-
говори́л *started talking.* Here бы́ло is a particle — cf. note to p. 22.

„   так, как пошла́ мо́да Here пойти́ is in the
sense *begin — the way the fashion has 'set
in', in the latest style.*

17   мо́жно бы The modal force of бы is so
strong in itself that with words which form
predicates the verb быть can often be omitted — мо́жно (бы́ло) бы.

„   заказа́ть швее́ три руба́хи The normal modern construction would be заказа́ть у

швей. Perhaps Gogol had in mind прика-
за́ть швее́ сде́лать руба́хи.

17 шту́ки две cf. note to p. 28 on inversion
with numerals. Шту́ка is used commercial-
ly and colloquially to specify numbers of
identical articles, e.g. 20 штук парирос
twenty cigarettes, 10 штук я́блок *10 apples*.

„ разнесла́ его́ нелёгкая cf. the saying куда́
его́ нелёгкая несёт? *where the devil is he
going?*

„ со вся́кого истра́чиваемого рубля́ откла́-
дывать по грошу́ The distributive по is
used because the meaning is *out of each (separate) rouble he spent he put aside half
a kopeck.*

18 оказа́лось накопи́вшейся су́ммы бо́лее чем
на со́рок рубле́й The participle agrees with
су́ммы, which is partitive: *There proved to
be more than forty roubles of saved-up money.*

„ в... хала́те, о́чень да́внем... etc. *in his...
dressing-gown which was very ancient and
which even time had spared.*

„ привы́клось Again Akaky Akakievich's pa-
ssivity is emphasised. Он привы́к would be

too conscious and deliberate: the impersonal
verb implies that everything had to '*be got
used to*' — there was no choice.

19   не положи́ть ли... куни́цу The infinitive
with ли expresses something like *wouldn't
it perhaps be a good idea to..? what about..?*

„   он чуть бы́ло да́же не сде́лал *he very nearly made...* For бы́ло cf. note to p. 22.

„   придёт же The particle же gives strong
emphasis to the verb: *the time* would *come.*

20   ре́дкий ме́сяц не заходи́ли *scarcely a month
passed without their calling in.*

„   что лу́чше сукна́ не быва́ет *that you just
couldn't get better cloth (than this)* The
short comparative form of adjectives is used
chiefly in the predicate: Это сукно́ лу́чше
This cloth is better. But it may, as here, be
used attributively, being more emphatic
than the form with бо́лее would be, e.g.
Да́йте мне кни́гу поинтере́снее — *give me
a more interesting book;* он получи́л ко́м-
нату бо́льше мое́й — *he got a bigger room
than mine.* In modern Russian a comparative used in this way always follows the
noun.

20 казистей... глянцевитей. -ей is a colloquial alternative ending for the comparative, equivalent to -ee.

„ лучшую, какая только нашлась в лавке
*the very best there was to be had in the
shop.*

„ самый торжественнейший is a 'double' superlative for impressiveness of effect.

„ перед самым тем временем, как *just exactly before the time when.*

„ Никогда бы в другое время не пришлась
так кстати *couldn't have come at a better
time.*

21 только что от прачки *just back from the
laundry.*

„ что он так только, потому что... потому
взял так дёшево *that it was only because
he... that was why he had charged so little.*

„ на Невском проспекте the fashionable main
street in St. Petersburg.

„ за одну только работу *for the work alone.*

„ пошёл... в сторону *set off at right angles
to Akaky Akakievich's path.*

22   однó тó, что теплó *one of them was, that it was warm.*

„   капóта не существýет cf. note on не случáлось, p. 25.

„   нáчал бы́ло уверя́ть and below нáчал бы́ло отговáриваться cf. note on бы́ло, p. 29.

„   с ни́зшими себя́ *with those lower than (inferior to himself.*

„   прошý ко мне сегóдня на чай *I invite you all to come to me for tea.*

„   я же, как нарóчно... *for I, as if on purpose or by special arrangement...*

23   Как бы то ни́ было *however that may be.*

24   всё попадáлись... *you* (impersonal) *kept on meeting...*

„   пролетáли ýлицу Verbs of motion with prefix про- are used transitively in the sense of *covering a certain specified distance.* Here the accusative instead of по ýлице gives an impression of great speed.

„   Почемý он усмехнýлся... This beginning naturally leads on to a predicate like неизвéстно, but Gogol rambles and abandons this construction, then has to start a new sentence: А мóжет быть... to complete the sense.

24   о котóрой, однáко же, всё-таки... This is somewhat tautological, but всё-таки emphasis the verb in particular: *about which, nevertheless, everyone* does *retain...*

,,   Ну, уж эти францýзы! *Well, really, these Frenchmen!*

,,   ведь нéльзя же *for you just* can't...

,,   испускáя клубáми пар lit. *letting out steam in puffs.*

,,   висéли всё шинéли да плащи́ Here the adverb всё has the meaning *exclusively, nothing but: There were coats and cloaks hanging all over the place.*

25   вы́пили по пéрвому стакáну чáя and below вы́пить по бокáлу. Distributive по because they drank a glass *each.*

,,   шум передвигáемых стýльев — present participle passive: *the noise of chairs being moved about.*

25 хотя́ бы́ло отча́сти и сконфу́зился Here
бы́ло is a particle cf. note to p. 22, and и
emphasises хотя́: *although he was at first
tending to be embarrassed.*

,, не мог не пора́доваться *could not help being
glad.*

,, засма́тривал тому́ и друго́му в ли́ца *kept
looking into the face(s) of this or that
(player).*

26 кото́рую... уви́дел лежа́вшею на полу́ The
participle in the instr.. expresses the state in
which he found his coat; cf. note on тем же
чино́вником, p. 21.

,, во всю дверну́ю щель *the whole length of
the crack or joint of the door.*

,, пошли́ деревя́нные до́мы Here пойти́
means *begin — from there onward it was
timber houses —* cf. note to p. 34.

27 хоте́л бы́ло уже́ закрича́ть *was just on the
point of screaming.* Here хоте́ть means *intend, be about to;* for бы́ло cf. note to p. 22.

,, величино́ю в чино́вничью го́лову In giving
measurements в + acc. is used with the
instr. of the dimension, e.g. длино́й в пять
ме́тров *five metres long or in length.*

Page

27   А вот то́лько кри́кни *You just give a shout (and see what will happen to you).*

„   да́ли ему́ пинка́ коле́ном *gave him a kick with the knee* Is this phrase пино́к is always used in the gen.

„   го́лос, каза́лось, и не ду́мал... *his voice apparently did not even dream of...*

„   не устава́я крича́ть *shouting without stopping.*

28   како́го чёрта *(in the name of) which devil.*

„   ста́нет води́ть supply за нос: *will lead you up the garden path.*

„   он да́же ей знако́м *she even knows him.* Frequently знако́мый is used in this sense rather than the verb знать: in modern Russian normally the other way round, with the preposition с: она́ с ним знако́ма.

„   ...служи́вшая пре́жде у неё в куха́рках... в ня́ньки cf. note on ста́тские сове́тники, p. 23.

29   да нет ча́стного до́ма — i.e. да (*but*) ча́стного (пристава) нет до́ма.

29 за каки́м де́лом (он пришёл) и кака́я на́-
добность привела́ (его́).

„ а что вот как он на них пожа́луется, так...
*and that if he put in a complaint against
them* then *they would see.*

„ возыме́ет ли надлежа́щий ход де́ло о ши-
не́ли... *whether the matter of his coat would`
develop (be investigated) in the proper manner...*

30 Оди́н кто́-то *only one of them, but one of
them.*

„ сказа́вши, чтоб он пошёл *telling him to go.*

„ спиша́сь и снеся́сь с кем сле́дует *by writing
to and getting in touch with the proper
people.* Both of these gerund forms are
archaic.

„ мо́жет заста́вить успе́шнее идти́ де́ло *might
make the affair go more successfully.*

„ ещё значи́тельнейшими The 'superlative'
suffix was still used at this period with
comparative meaning: *even more important
ones.*

31 кото́рые брали́сь за ру́чку двере́й и от-
воря́ли её Here there is confusion between

the plural (дверéй) and singular (её) forms used indiscriminately in the sense of *a door*.

32 с рóвными себé *with people of equal rank with himself.*

„ лю́ди хоть одни́м чи́ном пони́же егó For attributive use of пони́же cf. note on лу́чше, p. 38. *People even (by) one rank lower than himself.*

„ к такóму-то значи́тельному лицу́ Emphatic -то: *it was to such an important personage that Akaky Akakievich appeared.*

33 они́ давнó ужé с прия́телем... Here они́ includes both of the people concerned: он и прия́тель cf. мы с тобóй *you and I.*

„ Да, ведь там стои́т, ка́жется, чинóвник *Ah, yes, I believe there's a clerk waiting to see me, isn't there?*

„ за недéлю до получéния... *a week before receiving...* The two prepositions together are used to specify a moment of time before some event; cf. for '*after*' — через два года после войны *two years after the war.*

„ как мог, скóлько моглá позвóлить ему́... *as well as he could, in as far as his fluency of speech could permit him to.*

76

34 что́ вы? A common interjection of surprise with the verb говори́те understood: *what are you saying?*

„ собра́ть всю небольшу́ю горсть... etc. *to collect all the small quantity of presence of of mind that he had (at all) in him.*

„ Ака́кию Ака́киевичу забрало́сь уже́ за пятьдеся́т лет *A. A. was already well over fifty.*

35 что да́же не Ака́кию Ака́киевичу сде́ла-лось бы стра́шно *that even a better man than A. A. would have been terrified.* When he is moved from its normal position immediately before the verb, it negates specifically the word which follows, e.g. не я́ это сказа́л *it wasn't I who said that.*

„ генера́лом, да ещё и чужи́м *by a general, and not even his own one at that* (i.e. not of his department).

„ шёл по вью́ге *walked through the storm.* cf. лете́ть по во́здухе *to fly through the air.*

„ свисте́вшей в у́лицах Not на у́лицах because the space enclosed by the buildings is meant.

35   надýло емý в гóрло жáбу The impersonal verb suggests some unknown power which blew quinsy into him.

„   не в сѝлах бýдучи The gerund would not be used here in modern Russian.

„   ничегó не нашёлся дѐлать, как... *could find nothing better* or *more to do than...*

36   объявѝл емý ... капýт: Емý is not the indirect object of объявѝл, but goes with the noun капýт: *announced that this was the inevitable end for him.*

„   закажѝте емý... *order for him...* This is ethic dative.

„   однó другóго страннѐе *each one stranger than the last.*

„   сквернохýльничал This appears to be Gogol's own combination of сквернослóвить *to use foul language* and богохýльничать *to blaspheme.*

„   не опечáтывали The police took into safe keeping the home and belongings of a person who died leaving no family. They were sealed up with an official seal until their disposal was arranged.

37 да́же не интересова́лся расска́зывающий сию́ по́весть *even he who is telling this tale did not enquire.*

„ бу́дто бы в нём его́ и никогда́ не́ было cf. его́ нет до́ма. Here и emphasises никогда́.

„ без вся́кого чрезвыча́йного де́ла *without any excessive fuss.*

„ на кото́рое так же пото́м... etc. Так же modifies нестерпи́мо : *upon whom misfortune subsequently fell as intolerably as it has descended upon the kings, etc.*

„ Да так, уж он у́мер *Well he just can't. He's dead.* Frequently так expresses *'for no reason at all', 'without intending to'.*

38 суждено́ ему́ *he was fated.*

„ у Кали́нкина мо́ста possessive adjective from Кали́нка. A bridge over the Fontanka canal leading from the Kolomna district to the less populated Narva suburb.

„ на ко́шках, etc. На is used when describing the material which forms the inner or under side of something, e.g. на ва́те wadded. Russian fur coats, шу́бы, have the fur turned inside, with the skin on the outer side exposed or covered with cloth. На ко́шках instead of на ко́шачьем меху́ is slightly ambiguous and humorous.

38 вся́кого ро́да меха́ и ко́жи, каки́е то́лько... *of every kind (at all) of fur and skin that ever...*

„ и в том едва́ бы́ло да́же не успе́ли *and even very nearly succeeded in this.* For бы́ло cf. note to p. 22.

39 поле́з... за сапо́г, etc. *reached... into his boot, etc.* It was a common practice to keep things, especially cutlery, tucked into one's boots.

„ освежи́ть на вре́мя... etc. *to refresh for a moment his nose which had been slightly frostbitten six times in his lifetime.* To get *one's nose frostbitten* is отморо́зить (себе́) нос; the prefix при- expresses performing the action to a slight extent.

„ полго́рсти is a compound of the type of полчаса́ *half an hour*, consisting of пол- *half* plus a noun in the genitive case. When used in oblique cases the noun has the normal appropriate ending, and the prefix becomes полу-, e.g. без получа́са, с полуго́рстью.

39 забры́згал им всем тройм глаза́ *bespattered the eyes of all three*. The collective numerals двóе, трóе are used with masculine nouns denoting persons and with words used only is the plural, e.g. трóе бра́тьев *three brothers*, двóе часóв *two clocks*.

,, мертвеца́ и след пропа́л *the dead man vanished, not leaving even a trace.*

,, страх к мертвеца́м *Fear of* is normally expressed in modern Russian by пéред + I, or by the genitive, e.g. страх пéред опáсностью, страх смéрти.

,, ступа́й своéю дорóгою *clear off, on your way.*

40 чтó он и ка́к и нельзя́ ли... *what (he wanted) and how (he was) and whether it was not possible...* Рассказа́ть что и как is a phrase meaning *to tell all about (it)*.

,, чем помóчь емý *to help him in some way*

41 нашёл прили́чным *found it becoming* — cf. note on тем же чинóвником, p. 21.

,, однá другóй прия́тнее cf. note on this construction on p. 54.

81

41   подбрáсывая емý тудá Here тудá refers to
      в лицó : *throwing snow* (partitive) *up into
      his face.*

"   набрáсывая емý егó — емý refers to the
      important personage, егó to his collar.

42   пахнýвши на негó стрáшно могúлой The
      verb here is not пáхнуть *to smell of,* but
      пахнýть *to bring a waft of: exhaling on to
      him a terrible smell of the grave.*

"   Твоéй-то шинéли мне и нýжно! *it's* your
      coat I need — the emphasis being supplied
      by -то and и. *To need* is normally expressed
      by нýжный in agreement with the thing
      required, or by нýжно with the accusative:
"   мне нужнá твоя́ шинéль, мне нýжно свою́
      шинéль. The genitive after нýжно is usu-
      ally partitive: мне нýжно дéнег.

"   да ещё и распёк *and gave me a dressing-
      down into the bargain.*

"   отдавáй же The imperfective imperative is
      used for a very insistent command, brooking
      no refusal or delay; отдáй would be less
      insistent and more restrained.

"   взглянýвши на одúн мýжественный вид
      looking merely at his manly appearance.

82

Page

42   богаты́рскую нару́жность The богатыри́
are the legendary heroes of Russian folk
epics, endowed with fabulous strength and
courage.

„   опаса́ться насчёт The preposition is strictly
unnecessary, since the verb plus genitive
expresses apprehension.

„   поскоре́е The comparative is frequently
used rather than the simple adverb in ex-
clamations and commands, e.g. ти́ше! *be
quiet!*

„   пошёл is commonly used as an imperative
in colloquial speech; cf. пошли́ *let's go*, по-
е́хали *we're off*.

„   сопровожда́ется кое-чём гора́здо действи́-
тельнейшим *is accompanied by something
much more effective*. Passengers in cabs and
sledges used to beat the backs of the drivers
with their fists to encourage them to go
faster. The drivers wore heavily padded
coats to keep out the cold and the blows.
For the 'superlative' cf. note to p. 48.

„   мину́т в шесть с небольши́м *in a little over
six minutes*. Normally в + A expresses the
length of time taken to do something — он
сде́лал э́то в шесть мину́т *he did it in six*

83

minutes. Here one would expect че́рез шесть мину́т *six minutes later.*

43 никому́ ни сло́ва о том — supply не сказа́л.

„ не пре́жде как вы́слушавши: the normal modern construction would be не пре́жде чем вы́слушать.

„ ника́к не хоте́ли успоко́иться *simply refused to be reassured.*

„ по грошу́ — he demanded *one grosh* from *each* of them: cf. note to p. 35 and p. 43.

„ тебе́ чего́ хо́чется: Хоте́ться is more cimmon with an infinitive than with a noun object. The object of хоте́ть can be either in the accusative (usually concrete objects) or genitive (particularly abstract nouns) e.g. что вы хоти́те? хоти́м сча́стья.

VOCABULARY

With the exception of a small number of extremely common words (chiefly pronouns and adverbs) all words occurring in the text are included. Because of considerations of space, however, the information given on any word is not necessarily complete, e.g. stress patterns have not been given. In nouns fleeting vowels have not been indicated: nouns ending in **-ец** or **-ок** are to be presumed to elide the vowels of the ending unless the genitive singular is shown, e.g. **беспорядок — беспорядка** but **мертвец — мертвеца.** An undesignated form following the nominative singular is the genitive. The modern spelling **-ние** has been adopted here for nouns occurring in the text with the archaic spelling **-нье.** For verbs, in most cases both aspects are given, always listed under the imperfective infinitive. In some cases where only one or other of the aspects occurs in the text, only that verb is given: a single verb not followed by a designation is imperfective. Conjugation of the present tense is shown by the first and third person singular or the latter alone. For second conjugation verbs like **ходить — хожу, ходит** the consonant change in the 1st singular and past participle passive is shown in brackets: **(д/ж), (с/ш),** etc. The change of suffix in verbs like **пробовать — пробую, пробует** is shown thus: **(ов/у)**

Abbreviations used:

A	accusative		*ger*	gerund
adj	adjective		I	instrumental
adv	adverb		*imperf*	imperfective
arch	archaic		*impers*	impersonal
cj	conjunction		*infin*	infinitive
coll	colloquial		*interj*	interjection
comp	comparative		*loc*	locative
D	dative		*m*	masculine
dim	diminutive		*n*	neuter
f	feminine		N	nominative
fig	figurative		P	prepositional
fut	future		*part*	participle
G	genitive		*pass*	passive

85

pcle	particle	*pron*	pronoun
perf	perfective	*sht fm*	short form
pl	plural	*sg*	singular
poss	possessive	*superl*	superlative
pp	past participle	*trans*	transitive
ppp	past part. passive	*voc*	vocative
pred	predicative	*vulg*	vulgar, non-literary
pres	present		

A

a *cj* and, but; *as introductory word often no translatable meaning*
a то but (in fact)
алеба́рда halberd
анекдо́т anecdote
аплике́ silver-plating
под аплике́ silver-plated
арбу́з, *adj* **арбу́зный** watermelon

Б

бакенба́рды *f pl* sidewhiskers
ба́нка, *dim* **ба́ночка** jar
ба́рин land-owning gentleman
ба́рхатный velvet
башма́к shoe
бе́глый fleeting, fluent
беготня́ running about
бе́дный poor
бе́дствие calamity
бежа́ть — бегу́, бежи́т run
без + G without
и без того́ as it is
безде́лица trifling amount
безде́льный trifling
бе́здна abyss, gulf
беззащи́тный defenceless
бельё linen, underwear
бе́режный careful
беру́т *see* **брать**
бесконе́чный endless, infinite
беспоко́иться worry

беспоря́док disorder, confusion
беспоря́дочный disorderly, confused
беспреме́нно (*vulg*) *normally* **непреме́нно** definitely
беспреста́нно incessantly
бесси́льный feeble
бессме́нный working without a break
бессмы́слица nonsense
бесчелове́чный inhuman, brutal
бесчелове́чье (*arch*) inhumanity
бить — бью, бьёт beat
би́ться beat (*of the heart*)
благовоспи́танный well-bred
благодари́ть/по- thank
благода́рствовать (ов/у) (*arch*) thank
благодаря́ + D thanks to
благоде́тельный beneficent
благоразу́мный reasonable, sensible
благоро́дный noble
блажь *f* (*coll*) whim, caprice
бле́дный pale
бли́зкий near, close
бли́зко (от + G) near
бобр, *adj* **бобро́вый** beaver; *also* **бобёр** beaver fur
Бог, *voc* **Бо́же** God
богаты́рский heroic (*see note to p. 42*).
бо́йкий smart, bold, animated
бок side
бока́л goblet

бо́лее more

тем бо́лее что the more so as, especially

боле́зненный of illness, morbid

боле́знь *f* illness

боле́ть/за- боли́т ache, be sore

болта́ть + I waggle; babble

бо́льно (*vulg*) very

больно́й ill; *as noun* patient

бо́льше more

бо́льше не no longer

бо́льший *comp of* **большо́й** bigger, greater

боя́знь *f* fear, dread

боя́ться + G fear, be afraid of

брани́ться/по- abuse, swear

брат brother

его́ брат he and people like him

брать — беру́, берёт/взять — возьму́, возьмёт take, get

бра́ться/взя́ться (за + A) grasp; undertake work; (*coll*) appear, come from

бред, *loc* **-у́** delirium

броса́ние throwing, dropping

броса́ть/бро́сить (с/ш) throw, leave off, abandon

бро́ситься в глаза́ stand out, draw one's attention

броса́ться/бро́ситься rush

б. бежа́ть take to one's heels

бу́дка sentry-box

бу́дочник (*arch*) policeman (*from the sentry-box in which he stood*)

бу́дто *or* **как бу́дто (бы)** as if

бу́дучи *ger* being, who was

бу́дущий future

бу́йство violent behaviour, unruliness

бу́ква letter of the alphabet

була́вка pin

бума́жка *dim of* **бума́га** scrap of paper

бы *conditional pcle*

быва́ло *pcle see note to p. 11*

быва́ть *frequentative of* **быть**

to be from time to time *or* repeatedly, occur

бы́ло *pcle with past tense see note to p. 4*

бы́стрый quick

быть, *fut* **бу́дет** be

как быть? what is to be done (about it)?

так и быть so be it, all right

бьёт *see* **бить**

В

ва́жный important

ва́нька (*arch*) (*from* **Ва́ня** *dim of* **Ива́н**) coll name for driver of old rickety cab with decrepit horse

ва́рварка barbarian

ва́рварский barbarous

ва́та wadding

на ва́те quilted

вверх upwards

ввечеру́ (*arch*) in the evening

вдали́ in the distance

вдо́воль to one's heart's content

вдруг suddenly

ведь *emphatic pcle see notes to pp. 13, 24, 33*

везде́ everywhere

век, *loc* **-у́** age, century, lifetime

на веку́ in all one's life

веле́ть *imperf and perf* + D command, order

вели́кий great, big; *superl* **велича́йший**

великоду́шный generous, magnanimous

вели́чественный majestic, grand

величина́ size

ве́рно (*coll*) no doubt, I suppose

ве́рный (+ D) true, faithful (to), sure, correct

вероя́тно probably

верху́шка top

весёлость *f* merriment, gaiety
весёлый, *short form* весел, весела gay, merry
вести/по- ведёт lead, take; *ppp* ведший (*arch*)
весь, вся, все all, the whole
весьма (*bookish*) very, extremely
ветер wind
ветошь *f* rags, old clothes
вечер evening, party
вечный eternal, permanent
вещица *dim of* вещь little thing, trifle
вещь *f* thing; *pl* belongings
взбираться make one's way with difficulty
взгляд glance
взглянуть *perf* (на + A) look, glance (at)
вздор rubbish, trash
вздумать *perf* take into one's head
взрослый grown up, fully grown
взять *see* брать
вид view, appearance, look, aspect, state, form
   на вид in appearance
   в виде + G in the form of
   под видом + G in the guise of, on the pretext of
видать (*coll*) see (*frequently*); *past tense commonly used instead of* видеть *after negative*
видаться (*coll*) see each other, meet
видеть — вижу, видит/у- see
видеться *with* D *of person* be seen, appear (*especially a dream*)
видно you can see, obviously
видный visible
визжать — визжу, визжит screech
винегрет Russian salad
виноватый guilty, to blame

(я) виноват it's my fault, sorry
висеть — вишу, висит hang (*intrans*)
висок, -ска temple (*of head*)
вист whist
вицмундир (*arch*) civil servant's uniform coat
вкус taste
влияние influence
вместе (с + I) together (*with*)
вместо + G instead of
   в. того чтобы + *infin* instead of + *ing*
вмиг instantly
вне + G outside, beyond
внизу down below, at the bottom of
внимание attention
   обращать в. на + pay attention to
вновь again
внутренний internal
внушить *perf* (+ D) suggest, inspire (*a feeling, in someone*)
вовсе (*coll*) completely, (*not*) at all
во-вторых secondly
водить (д/ж) lead
водиться be conducted; occur, be found
   в. за кем-либо be the usual thing with someone
возбуждать excite
возвести *perf* raise
возвращаться/возвратиться (т/щ) return
вознаградить (д/ж) reward *perf*
возыметь *perf* (*arch*) produce, set in motion
возьмёт *see* взять
войти — войдёт *perf* enter, go in; *here also* amount to; вошедши *ger* (*arch*)
вокруг + G around
волос hair
вон away

воображать/вообразить (з/ж) imagine

вообще generally, in general

во-первых firstly

вор thief

ворот collar, neckline

воротник, dim воротничок collar

ворочаться (coll) turn

ворчать — ворчу, ворчит growl; ворча ger

восемьдесят, восьмидесяти eighty

воскресный день = воскресенье Sunday

вот here is, there is; interj behold

    вот как that is how, in this way

вперёд in front, beforehand

впечатление impression

вполголоса in an undertone

впору (coll) a good fit

впрочем however, and yet

впух (coll) utterly

враг enemy

время, времени n time

    на время for a time

    в своё время in one's day

вроде + G of the nature of, like

вряд ли hardly, it is doubtful whether

всё pron see весь

всё adv still, yet, always, ever

    всё же still, nevertheless

всегда always

всего altogether

всё-таки nevertheless, still

вскочить perf jump up

вскрикнуть perf cry, shout, scream

власть (coll) to one's heart's content

вслед (+ D or за + I) after, following

вследствие + G as a result of

вслух aloud

всплеснуть perf clasp (hands)

вспомнить perf remember, recollect

вспомоществование (arch) assistance

вспотеть perf sweat, break out in a sweat

вспрыснуть perf sprinkle, have a drink in honour of

вставать — встаёт/встать — встанет stand up, rise

встретить (т/ч) perf meet, encounter

встреча meeting

встречать meet, welcome, receive

встречаться be encountered, be seen

вступить (п/пл) enter

всуе (arch) in vain

всунуть perf shove in, slip

всякий each, every, any, all kinds

    всякого рода all kinds of

выбежать perf run out

выбор choice

выбрасывать throw out

выбрать perf choose

вывеска shop sign

выводить (д/ж)/вывести lead out, trace out

выгнутый curved

выговорить perf articulate, pronounce

выгода advantage, good thing

выдать perf give out; betray

выдержать perf endure, stand

выдумать perf think up

вызывать/вызвать call, send for; call forth, elicit

выисканный recherché

выйти see выходить

выкарабкиваться (coll) scramble out of

выкурить perf smoke (to the end)

вы́нести *perf* carry out; bear, put up with
вынима́ть/вы́нуть take out
вы́писать *perf* write out
вы́пить *perf* drink
выража́ться/вы́разиться (з/ж) express oneself, be expressed
выраже́ние expression
вы́служить *perf* gain by working *or* long service
выслу́шивать/вы́слушать listen to, hear out
вы́смотреть *perf* spy out
выставля́ть/вы́ставить (в/вл) set out, put out
выступа́ть come out, appear
вы́сший higher, superior
вы́сыпать *perf* pour out, spill
вы́тащить *perf* drag out, pull out
вытисня́ть impress, press out
вы́требовать *perf* (*official*) demand, levy
вы́тяжка, в вы́тяжку at attention
вы́хватить (т/ч) snatch, grab at random; -ся (*coll*) appear
выходи́ть/вы́йти go *or* come out, turn out, project; вы́шед *ger* (*arch*)
вы́чернить *perf* blacken
вы́ше higher, taller
вью́га snowstorm

Г

галу́н gold braid
гардеро́б wardrobe; *here* garment
гварде́йский of the Guards
гвоздь *m*, *dim* гво́здик (*dialect* гвоздо́чек) nail
где where, in which
где́-то somewhere
геморро́й haemorrhoid, pile
геморроида́льный haemorrhoidal

генера́льский a general's
ги́бнуть/по- perish, go to ruin
ги́псовый plaster-of-Paris
гла́вный chief, main
глаго́л verb
глаз, *pl* глаза́ eye
глубо́кий deep
глу́пый foolish, stupid
глухо́й deaf; remote, God-forsaken; глу́ше *comp*
гляде́ть (д/ж)/по- (на + A) look (at); (*coll*) + I: look like
глянцеви́тый glossy
гнило́й rotten
гова́ривать (*frequentative*, *coll*) say
го́вор sound of voices
говори́ть/сказа́ть speak, say, tell
    как говори́тся as they say
    что и говори́ть (*coll*) of course
говя́дина beef
годи́ться (д/ж) be of use
го́дность *f* (*arch*) usefulness, use
голени́ще top of boot
голо́вка *dim of* голова́ head, toecap
голода́ние fasting
голода́ть go without food, starve
го́лос voice
гоня́ться (за + I) chase, pursue
гора́здо *with compar adj* much, far
горде́ц proud man
го́рдый proud
горемы́чный wretched
го́рло throat
горсть *f* handful
горя́чка fever
господи́н, *pl* господа́ gentleman, master, Mr.
гость *m* guest, visitant
госуда́рственный *adj from* госуда́рство state

91

государь *m* lord, sir
  ми́лостивый г. (*arch form of address*) (Dear) Sir
гото́вить (в/вл) prepare, cook
гото́вый ready, ready-made, finished, prepared
грабёж, -ежа́ robbery, theft
граби́тельство (*arch*) robbery, theft
гра́бить (б/бл)/о- rob
грани́ца boundary, frontier, limit
греть — гре́ет make *or* keep warm
грех sin, shortcoming
гри́венник (*coll*), *dim* гри́венничек ten-kopeck coin
грима́са grimace
гроб coffin
грози́ть (з/ж)/по-+D threaten
  г. па́льцем shake one's finger at
громово́й thunderous
грош half-kopeck, copper coin
гру́бость *f* coarseness, crudity
грудь *f* breast, chest, bosom
губа́ lip
губе́рнский секрета́рь Provincial secretary: *see note to p. 1*
гуля́нье outing
гуси́ный goose's

Д

да yes; (*coll*) and, but; *introductory pcle to introduce new topic of conversation (not translated); as emphatic pcle see note to pp. 13, 14*
  да и and besides
да́вний (*bookish*) long past
давно́ long ago, for a long time
да́же even
да́лее further, after that
да́льний distant
да́ма lady
дарова́ние gift, talent

да́ром (*coll*) in vain, to no purpose
дверно́й *adj* door
дверь *f often used in pl* door
дви́гать — дви́гает *or* дви́жет move; **дви́жимый** *present part passive*
движе́ние movement, impulse
  без движе́ния motionless, lifeless
двойно́й double
двор yard, courtyard
дворо́вый (челове́к) house-serf, *peasant taken from the village to work in the master's household*
-де *pcle see note to p. 11*
дева́ть/деть put
де́довский *adj from* дед grandfather's, ancestors'
де́йствие effect
действи́тельный actual, real, effective
де́йствовать (ов/у)/по- act
де́лать/с- make, do; **-ся** be done, happen
  что ж де́лать what can you do about it?
де́латься/с- + I become
де́ло, *dim* **де́льце** affair, business, thing, job
  в чём де́ло what is the matter
  о кото́ром идёт де́ло which we are concerned with, in question
  в са́мом де́ле really, in fact
демикото́новый of thick cotton material
день, дня day; **днём** *instr* by daylight
де́ньги *f pl,* **де́нег** *gen* money
департа́мент (*arch*) government department
департа́ментский departmental
деревя́нный wooden
держа́ть — де́ржит hold

дерзкий daring, bold
деспотически *adv from*
  деспотический despotic
десть *f* quire, (twenty-four
  sheets
десяток ten, 'dozen'
детство childhood
деть *see* девать
дешёвый cheap; дёшево *adv*
деятельный (*bookish*) active,
  busy, fussy
директор, *pl* -á director
директорский director's
длинный long
для + G for
  для того, чтобы in order to,
  so that
днём *see* день
до + G as far as, up to, till
  до того to such an extent,
  so far
добираться/добраться (до +
  G) make one's way with
  difficulty, reach, come to,
  get to
добровольный voluntary
добродетель *f* virtue
добротный of good quality,
  solid
добрый good, kind
добыча spoils, booty
довольно enough, fairly,
  pretty
довольный (+ I) content
  (with)
дождаться *perf* wait till, live
  till something happens
дожидаться (*coll*) wait for
доказательство proof
доканчивать finish off
доклад report
докладывать/доложить
  report, announce
докука (*arch*) annoyance
долг debt, duty
долгий long
долетать fly as far as
должен, должна, должно
  must

должно (*impersonal* + D) it
  is necessary
должностной official
должность *f* post, job, office
доложить *see* докладывать
дом, *pl normally* дома, *arch*
  домы house, building
  из дому out of the house
домашний domestic
донести *perf* inform, report
доплестись — *past* доплёлся
  perf (*coll*) drag oneself
допускать/допустить (ст/щ)
  permit
дорога road, path
  дорогой on the way
дорогой *dear*
доставлять/доставить (в/вл)
  deliver, supply, cause
достаться *perf* + D fall to
  one's lot
достигнуть *perf* + G reach
доступный accessible, open
дотечь — *past* дотёк, дотекла
  perf flow as far as, reach
доходить/дойти (до + G) go
  as far as, reach
дразнить tease, torment; *here*
  apparently imitate
драпировать (ов/у)/за- drape
друг друга each other
другой (an) other, different
  на другой день next day
дружеский friendly
дрянь *f* rubbish
дубовый of oak
думать/по- think
дурак fool
дурной bad, not good-looking
дуть — дует/по- blow
дух spirit, mind
  не в духе in low spirits,
  out of sorts
  во весь дух (*coll*) at full
  speed
духовный spiritual
душа soul, mind
  в душе at heart
  от души with all one's heart

93

душе́вный of the mind
дым smoke
ды́ня, *adj* ды́нный melon
дыра́, *dim* ды́рка, ды́рочка hole

Е

едва́ scarcely
  едва́ (ли) не almost
еди́нственный only
е́жели (*arch and coll*) = е́сли
ёкнуть *perf* miss a beat
ено́товый of raccoon fur
е́сли то́лько не unless
естествонаблюда́тель *m* (*arch*) naturalist
есть there is
есть — ем, ешь *past* ел ate; sting (*the eyes*)
ещё still, yet, else, also
  ещё оди́н another
  ещё раз once again
  всё ещё still

Ж

ж = же
жа́ба toad; (*arch*) tonsillitis, quinsy
жа́лованье (*arch*) salary
жа́лость *f* pity
жар, *loc* -у́ heat, fever
же *cj* however, but
же, ж emphatic *pcle* emphasises preceding word
  но где́ же взять... but *where* was he to get
  что́ ж де́лать what can you do about it
жела́ние wish, desire
жела́ть/по- wish
желу́док stomach
жени́ться *imperf and perf* get married
жесто́кий cruel, severe; *superl* жесточа́йший
живо́й alive, lively, animated

жи́зненный of life
жизнь *f* life
жить — живу́, живёт live
жре́бий lot, fate

З

за + A *or* I for
  за неде́лю до *see note to* to *p. 33*
за + A *or* I behind, after (following)
  за столо́м at the table
за + A *with verbs of holding, catching* by
забежа́ть *perf* run away ahead
забира́ть pick up, grab
заби́ться *perf* start beating (*of heart*)
заблаговре́менно in advance, in good time
забо́р fence
забо́тливый careful, prudent
забра́ться *perf* go a long way past, reach
забры́згать *perf* bespatter
завести́ — *past* завёл *perf* introduce, institute; buy; *ppp* заведённый
зави́деть (д/ж) *perf* (*coll*) catch sight of, spot
за́втрашний tomorrow's
загла́вный лист title page
загля́дывать/загляну́ть peep in
задава́ть/зада́ть give, set, present
зада́ча problem
заде́ть *perf* brush against
заду́маться *perf* fall to thinking, muse
задыха́ться choke, gasp
зае́хать *perf* drive to see, call on
зажига́ть light
зажи́ться *perf* (*coll*) live far too long

заикнуться *perf* stammer, mention

зайти *see* заходить

заказывать/заказать — закажет order

заклеить *perf* paste up

заключаться be contained

законный legal, lawful

закраснеться *perf* (*coll*) blush

закричать *see* кричать

закрывать/закрыть cover, close; закрытый *ppp*

закутать *perf* wrap up, muffle up

заламливать (*normally* заламывать)/заломить (*coll*) put on a high price

залезть *perf* (*coll*) get into

заломить *see* заламливать

замахнуться *perf* + I brandish, flourish

заменять/заменить (+ A + I) substitute, replace (something by something else)

замёрзнуть *perf* freeze

замечательный remarkable

замечать/заметить (т/ч) notice, perceive

занашиваться/заноситься get dirty by wearing too long

занестись *perf* to be carried from a distance; занёсшийся *pp active*

занимать occupy

заниматься + I occupy oneself with, go on with

заново anew, from the beginning

занятие occupation

западня trap

запах smell

запереть *perf* lock up; запертый *ppp*

заплакать *see* плакать

заплата, *dim* заплатка, заплаточка patch

заплатить (т/ч) *perf* pay

запрос enquiry

запросить (с/ш) *perf* demand

запускать fling, throw

запылиться *perf* get dusty

заразить (з/ж) *perf* infect

заранее beforehand

заслужить *perf* earn

засматривать (*coll*) look into, take a peep

засмеяться *perf* laugh, burst out laughing

заснуть *perf* fall asleep

заспаться *perf* sleep in, look sleepy

заставить (в/вл) *perf* make. (*someone do something*)

застёгивать button up

зато on the other hand, to make up for that

затруднительный difficult, embarrassing

затрястись *perf* begin to shake

затуманить *perf* become misted over

затылок hape, back of the head

затягивать (*coll*) drag out, put off

затягиваться inhale when smoking

заходить/зайти call, pay a visit; go too far

захотеть *see* хотеть

зачем why

защитить (т/щ) *perf* defend

звание title, calling

звезда star

звенеть — звенит ring

звонкий sonorous

звук sound

здоровый healthy, wholesome, bracing

здравствовать (ов/у) be healthy, thrive

зевать/зевнуть yawn

зелёный green

зеркало mirror

зимний wintry, winter

злодея́ние (arch) crime, evil deed

знако́мый familiar, acquainted; as noun acquaintance

знать/у- know ·

зна́ться с + I (coll) be on friendly terms with

значе́ние meaning, importance

значи́тельность f (bookish) importance

значи́тельный significant, considerable, important

зуб tooth

И

и and; as emphatic pcle also, too, even

и...и... both...and...

и́бо cj (rhetorical) for, because

игла́, dim **иго́лка** needle

иг..я́ный (arch: normally **иго́льный**) of a needle

игра́ть play

иде́я idea

идти́/пойти́ go, walk; perf set out, (coll) begin

и. за + I follow

избежа́ние avoidance

изве́стный known, well-known

и́звесть f lime

изво́зчик cabby, driver of a carriage or sledge for hire

изво́лить (arch) be pleased, deign

изгна́ть — изго́нит perf drive out, expel, banish

и́здали from the distance

издёвка (vulg) mockery, insult

изде́ржки f pl expenses

из-за + G from behind

излага́ть/изложи́ть set forth, state

изменя́ть/измени́ть + D betray, let down

изно́с wear and tear

без изно́са which will not wear out

изобрази́ть (з/ж) perf depict

и́зредка infrequently, occasionally

изумле́ние (bookish) astonishment

изуро́дованный deformed

изъясня́ть/изъясни́ть (arch) explain; **-ся** make oneself understood

имени́нник person who is celebrating his name-day

имени́ны f pl name day of the saint after whom one is named, celebrated in Russia like a birthday

и́менно namely, exactly, just

име́ть — име́ет have

и́мя, и́мени name, Christian name

во и́мя in the name of, after

ина́че otherwise

иногда́ sometimes

ино́й other, some

иностра́нец foreigner

интере́сный interesting

интересова́ться (+ I) be interested (in)

иска́ть — ищу́, и́щет + G or **A** look for, seek; **ища́** ger (arch)

и́скоса sidelong

иску́сство art

исполня́ть/испо́лнить fulfil, carry out; (arch) fill, imbue

испра́вник (arch) chief of police of a country district

испуска́ть/испусти́ть (ст/щ) emit, utter

и. дух give up the ghost

истере́ть — изотру́, изотрёт past **истёр, -ла** perf rub away

истече́ние elapse

и́стинный true

исто́рия story, history

истра́тить see **тра́тить**

истра́чивать (rare) expend

исче́знуть — past исче́з, -ла perf disappear

ита́к so, thus
ищá, и́щущий see иска́ть

К

кабине́т private room, study
ка́ждый every, each
каза́ться — кажу́сь, ка́жется/по- + I seem
  ка́жется apparently
  каза́лось it seemed, clearly, obviously
казённый official, government
казистый (dialect) showy
как how, as, like; (coll) when, if
  ка́к же? but how? what do you mean?
ка́к-нибудь somehow, perchance
како́в, какова́, etc. of what kind
како́й which, what
како́й-либо any
како́й-нибудь some (or other), any
како́й-то some (kind of); see also -то
ка́к-то somehow, rather
календа́рь m calendar
кало́ши f pl galoshes
ка́мень, ка́мня m stone
кану́нешний (rare) adj from кану́н the day before
канцеля́рия chancellory, office; adj **канцеля́рский**
капельди́нер (arch) usher (in theatre)
капита́л capital
капита́н captain; see note to p. 1
капишо́н hood
ка́пля drop
капо́т (arch) dressing-gown
капу́т (coll) ruin, finish
карау́л guard, watch; help!
каре́та carriage
карма́н pocket

карти́на picture
ка́рты f pl playing-cards
каса́ться/косну́ться + G touch, concern
  что каса́ется до... so far as... is concerned (in modern Russian without до)
кварта́л quarter, district, block
кварта́льный офице́р police inspector in charge of a small locality of a city
кварти́ра, dim **кварти́рка** flat
квартирова́ть (ов/у) (arch, coll), have lodgings
ки́нуться perf throw oneself, dash
кла́няться/поклони́ться bow
кли́мат climate
клочо́к scrap, little bit
клуб puff, cloud
клуб club
ключ key
  на ключ with a key, by key
кни́зу downwards
кнут whip
когда́-нибудь at any time, ever, some time
когда́-то at some time
кое-где́ somewhere, here and there
кое-ка́к somehow (or other)
кое-како́й some, certain, one or two
кое-что́ something
ко́жа skin
ко́злы n pl coachman's box, driving seat
колеба́ться — коле́блюсь, коле́блется hesitate
коленко́р, participle gen **-у** calico
коле́но, pl **коле́ни** knee
колесо́, pl **колёса** wheel
коли́чество quantity
колле́жский регистра́тор Collegiate Registrar; see note to p. 1

97

коло́менский of Kolomna (then a suburb on the S.W. side of St. Petersburg)

кольну́ть perf chop up; (coll) have a dig at

колю́чий prickly, sharp

комменда́нт garrison commandant

копплиме́нт compliment

конди́терский pastry-cook's

коне́ц end

коне́чно of course

копе́ечный costing a kopeck (or so)

ко́пия copy

корзи́на basket

ко́рка skin, peel, rind

ко́рчить (coll) make oneself out to be, ape

коси́ть (с/щ)/по- squint

косо́й oblique, to one side

котёнок, pl котя́та kitten; see note to p. 6

ко́шка cat, cat fur

край, loc -у́ edge

кра́йний extreme

краси́вый beautiful, handsome, nice

кра́сный red

красота́ beauty

кре́пкий strong, firm

крепостно́й of serfdom; as noun a serf

кре́сло (used in pl in 19th century) armchair

крест, dim кре́стик cross

крести́ть (ст/щ)/о- baptize

крести́ться (ст/щ)/пере- cross oneself

криво́й crooked; one-eyed

крик cry, shout

кри́кнуть perf give a shout

крича́ть — кричи́т/за- shout

крова́ть f bed(stead)

круг circle

кру́глый round

круго́м around, all round

кружо́к dim of круг circle, group

круто́й steep, stern

кры́шка lid

кста́ти to the point, opportunely

кто who, somebody, anybody другой кто someone else

кто́-нибудь anybody, somebody

кто́-то somebody

куда́ where to, whither

куда́-то somewhere

кула́к fist

кум godfather

кума́ godmother

куни́ца marten (fur)

купи́ть see покупа́ть

кура́ж (coll, arch) free and easy feeling под куражо́м tipsy and amiable

куса́ться bite (intrans)

кусо́к, dim кусо́чек piece, scrap

куха́рка cook

ку́хня kitchen

ку́чер coachman

Л

лавчо́нка contemptuous dim of ла́вка small shop

лад harmony де́ло идёт на лад things are going well

лаке́й footman, servant

лакирова́ть (ов/у) lacquer

ла́мпа lamp

ла́пка dim of ла́па paw; here a kind of clasp

лачу́га, dim лачу́жка hovel

лбу see лоб

ле́гче comp of лёгкий light

лежа́ть — лежи́т lie

лезть — ле́зет past лёз, -ла/по- climb; (coll) go or come in, reach for

ле́стница stair

ле́то, pl лета́ summer, pl years
   в лета́х middle-aged
ли interrogative pcle whether
ли́сий, ли́сья, ли́сье etc. fox's
лиха́ч (arch) cab-driver with
   an elegant vehicle and lively horse
лицо́, pl ли́ца face, person,
   character
ли́чный personal
ли́шек: с ли́шком somewhat
   over, and a bit more
лиши́ть + A + G perf de-
   prive of, make devoid of
ли́шний extra
лоб, лба, loc лбу forehead
ло́вкий deft, skilful
ложи́ться/лечь — past лёг,
   -ла́ lie down, go to bed
лоску́т, dim лоскуто́к, лоску-
   то́чек scrap
лошади́ный horse's
ло́шадь f horse
лук onion
лука́вый sly, malicious
лу́чше better
   л. всего́ best of all
лу́чший better, best
лы́сина, dim лы́синка bald
   patch, receding hair
любе́зный amiable
любова́ться (ов/у) + I admire
любо́вь, любви́ f love
любо́й any
любопы́тство curiosity
ля́жка thigh

М

магази́н shop
ма́ленький small
мале́нько, dim мале́нечко
   (coll) a little
мали́новый raspberry, crim-
   son
ма́ло little, few, too little
   ма́ло сказа́ть it wouldn't
   be enough to say

март March
ма́сло oil, butter
ма́тушка dim (arch) mother
медве́жий, медве́жья etc. of
   a bear, bearskin
медици́на medicine
ме́дный copper
ме́жду + I between, among
   между те́м meanwhile, at
   the same time
ме́лкий fine, small, petty
мелочно́й dealing in small
   wares
мелька́ть/мелькну́ть flash,
   appear for a moment
ме́ньше less
ме́ра measure
   по кра́йней ме́ре at least
   по ме́ре приближе́ния as
   one got gradually nearer
мертве́ц, мертвеца́ dead man,
   corpse
мёртвый dead
ме́сто, pl места́ place, seat,
   post
   места́ми in places
местопребыва́ние (bookish)
   whereabouts
ме́сяц month
мех, pl -а́ fur
механи́зм mechanism
меша́ть/по- + D disturb, hin-
   der, prevent
мешкова́тый baggy
миг moment, instant
микроско́п microscope
милови́дный comely
ми́лостивый gracious, merci-
   ful
ми́мо + G by, past
мир world, peace
ми́рный peaceful
мирско́й worldly
многосло́жный (bookish)
   very complex, subtle
моги́ла grave
мог. мо́гут see мочь
мо́да fashion

мо́дный fashionable
мо́жет быть perhaps
мо́жно one can, one may, it
  is possible
  как мо́жно скоре́е as
  quickly as possible
мозо́листый calloused, horny
моли́ться pray
мо́лния lightning
моло́же younger
молчали́вый silent, taciturn
молча́ние silence, not speaking
молча́ть — молчи́т be silent,
  say nothing
монуме́нт (bookish) monu-
  ment
морга́ть/моргну́ть blink, wink
мо́рда muzzle, snout
моро́з frost
морщи́на wrinkle
мото́к skein, hank
мочь — могу́, мо́жет past
мог, -ла́/c- be able, can
мудрено́ difficult to understand
  не мудрено́ no wonder
му́жественный manly
мужчи́на man
музыка́нт musician
му́ха fly
му́ченик martyr
мучно́й floury
мы́сленно in one's mind
мысль f thought
мыть — мо́ю, мо́ет wash

Н

набра́сывать/набро́сить (с/ш)
  throw on or over
набра́ть perf gather a certain
  quantity
набра́ться perf + G find in
  oneself, get (an idea)
набро́сить see набра́сывать
наве́дываться (coll) call on
  someone in order to find
  out something

навести́ see наводи́ть
на́взничь adv on one's back,
  supine
наводи́ть/навести́ bring on,
  cause
навсегда́ for ever
нагишо́м adv (coll) bare
наговори́ться perf talk to
  one's heart's content; see
  note to p. 2
награ́да reward
наградны́е (де́ньги) (arch)
  bonus
награжде́ние award; here
  bonus
над + I over, above
надво́рный сове́тник Court
  Councillor; see note to p. 1
наде́лать + G make a quantity of
наде́ть — наде́нет perf put
  on
надзира́тель m superintendent, inspector
надзо́р supervision, safe-keep-
  ing
надлежа́щий (bookish) ne-
  cessary, proper
на́добно (arch) = на́до it is
  necessary
на́добность f need, necessity
наду́ть — наду́ет perf blow
  into, inflate; cheat, swindle
нае́сться — past нае́лся perf
  eat ones fill; see note to
  p. 2
нажи́ть perf acquire
наза́д adv back, backwards,
  behind
назна́чить perf appoint,
  allot, intend
называ́ть/назва́ть — назову́,
  назовёт (+ A + I) call, name; -ся be called
найти́ (-сь) see находи́ть
  (-ся)
наказа́ние punishment

наказывать/наказать — накажет punish
наклонный sloping, slanting
наконец finally, at last
накопить (п/пл) perf save up
налегать press, oppress, 'lay into'
налюбоваться perf admire to one's heart's content; see note to p. 20
намолчаться perf see note to p. 2
наостриться perf make jokes to one's heart's content; see note to p. 2
наотрез point-blank
написаться perf write to one's heart's content; see note to p. 2
направить (в/вл) perf direct, aim
направление direction
напротив on the contrary
напускать/напустить (ст/щ) let loose (on)
нараспашку adv worn unbuttoned and cape-wise, with the arms not in the sleeves
паречие adverb
народ people
нарочно on purpose, specially
наружность f exterior, appearance
населённый ppp populated; населённей comp
насилу coll with great difficulty, scarcely
насквозь through and through
наскоро hastily
наслаждение enjoyment, delight
наследник heir
наследство legacy
насмешка gibe, mockery
настоящий real
наступать/наступить (п/пл) come on, set in

насчёт + G about, concerning
натащить perf (coll) draw (a certain quantity)
натолкнуться perf на + A bump into
натрунйться perf make fun of to one's heart's content; see note to p. 2
натряхивать shake out
натурально (arch) naturally
находить/найти find
-ся be found, be (situated)
-ся find the right thing to do, not be at a loss
начальник head, chief
начальство administration, authorities
начинать/начать — начнёт begin
нашить perf sew on
неблагоприятный inauspicious
небо sky
небольшой small
невесть adv who knows
невозможный impossible
невольный involuntary
Невский adj from Нева; see note to p. 21
невыносимый intolerable, unbearable
недавно recently, not long ago
неделя week
недобрый evil, ill-omened
недослышать perf fail to hear
недоумение bewilderment
недурной not bad
неестественный unnatural
нежность f tenderness, endearment
незнакомый unfamiliar, unknown
незначительный unimportant, insignificant
неизвестно it is unknown, we cannot say

неизвéстный unknown, uncertain
нéкоторый some, certain
некрасúвый ugly
некрáшенный unpainted
некстáти irrelevant, inopportune(ly)
нелёгкая (сúла) a evil power, the devil; *see note to p. 17*
нелóвкий awkward
нельзя it is impossible, one may not, cannot
немáлый no small, considerable
немéдленно immediately
нéмец German; **немéцкий** *adj; see note to p. 13*
нéмка German woman
немнóго, *dim* **немнóжко** a little, little, not much
немудренó no wonder
ненадёжный unreliable
необходúмость *f* necessity
необходúмый essentia, necessary
необыкновéнный unusual
неожúданный unexpected
неопределённый indefinite, vague
неотлýчный inseparable, always present
непомéрный excessive, exorbitant
непорядочный disorderly
н. дом (*euphemism*) brothel
непосрéдственно directly
непремéнно without fail, definitely
непремéнный necessary, inevitable
неприлúчный indecent
неприятность *f* unpleasantness
неприятный unpleasant
нерешúтельность *f* indecision
несговóрчивый intractable

нéсколько + G several, some; *as adv* somewhat
несмотря на + A despite
несмотря на тó что despite the fact that, although
несравнённый incomparable
нестерпúмый intolerable
нестú — несý, несёт *past* **нёс, -лá** carry
нестúсь rush
несчáстье unhappiness, misfortune
неугомóнный restless, indefatigable
неучтúвый impolite, discourteous
нéчего there is nothing; *with preposition separates e.g.* **нé о чем**
нéчего дéлать there's nothing else for it
нечúстый dirty
ни not one, not a single; *cf also* **никакóй, никтó,** *etc.*
ни *emphatic pcle see notes to pp. 3, 13*
ни... ни... neither..., nor...
нигдé nowhere
нúже lower
нúзкий, *dim* **нúзенький** low, small (*in stature*)
нúзший lower, inferior
никáк in no way, not at all
никакóй no kind of; *with preposition separates, e.g.* **ни в каком состоянчи**
никогдá never
никтó nobody; *with preposition separates, e.g.* **ни от когó**
нúтка, *dim* **нúточка** thread
ничтó, ничегó nothing; *with preposition separates* **ни за чтó** not for anything or for nothing
ничýть (*coll*) not in the least, by no means

102

но́вость *f* novelty
нога́ foot, leg
  подня́ться на ноги get to one's feet
  со всех ног as fast as one's legs can carry one
  жить на большу́ю но́гу to live in grand style
но́готь, но́гтя *m* finger- *or* toe-nail
ноздря́ nostril
нос, *dim* **но́сик** nose
носи́ть (с/ш) carry; wear
носово́й *adj from* **нос** nose
носо́к sock
но́та note
ночно́й *adj from* **ночь** night, nocturnal
ну well! come on
ну́жный necessary
  ему́ нужна́ шине́ль he needs an overcoat
ны́нешний of the present day
ня́нька child nurse

О

об, обо = **о** + P about
о́ба, *f* **о́бе; обо́их** *etc.* both
обе́д dinner; *adj* **обе́денный**
  за обе́дом at dinner
оберну́ться *perf* turn round
обер-полицме́йстер Chief of Police
обижа́ть/оби́деть (д/ж) offend; *here also* torment
обмере́ть — *past* **о́бмер, -ла́** *perf* faint
обнажи́ть *perf* bare, expose
обнару́живать/обнару́жить expose, manifest
обно́вка (*coll*) new garment
обогну́ть *perf* go round
ободри́ть perf encourage, cheer up
обойти́сь *see* **обходи́ться**

о́браз form, manner, way
  каки́м о́бразом in what way, how
  таки́м о́бразом in this way, thus
образо́ванный educated
обраща́ть/обрати́ть (т/щ) turn, direct **-ся (к** + D) turn to, apply to
обру́шиваться/обру́шиться fall upon, descend on
обсмотре́ть (*coll*) = **осмотре́ть**
обстоя́тельство circumstance
обходи́ться/обойти́сь (без + G) do without
обхожде́ние (*coll*) manner of address
о́бщество society
объявля́ть/объяви́ть announce
обыкнове́ние habit
обыкнове́нный usual, ordinary, common
обы́чай habit, custom
огляну́ться *perf* look around
ого́нь, огня́ *m, dim* **огонёк** fire, light
огра́бить *see* **гра́бить**
ограниче́ние limitation, restriction
огро́мный enormous
оде́ться *perf* dress oneself; **оде́тый** *ppp*
одея́ло cover, blanket
оди́н one, a certain; only
  оди́н из них one of them
  оди́н и то́т же one and the same
одна́ко, одна́ко же however, but
одногла́зый one-eyed
односло́жный monosyllabic
одобре́ние approval
оживи́ть *perf* enliven, brighten up
ожида́ние expectation
ожида́ть expect, await

103

озабо́ченный anxious, worried

озада́чить *perf* take aback

означа́ть signify, indicate

озна́чить *perf* (*arch*) depict, mark

ока́зывать/оказа́ть — ока́жет show **-ся** + I turn out, prove to be

ока́нчивать/око́нчить finish, complete

о́коло + G about, around, near

оконча́ние ending, conclusion

око́шко *dim of* **окно́** window

окрести́ть *see* **крести́ть**

ону́ча, *dim* **ону́чка** cloth wrapped around the foot instead of a stocking

опаса́ться + G fear, avoid

опере́ться *perf* (**на** + A) lean (on); **опе́ршись** *ger*

опеча́тывать seal up

опо́мниться *perf* come to one's senses

опорожни́ть *perf* (*coll*) empty, drain

опохмели́ться *perf* have a drink on top of a hangover, 'take a hair of the dog that bit you'

определя́ть/определи́ть define fix, assign, allot; (*arch*) appoint

опуска́ться/опусти́ться (**ст/щ**) descend

опя́ть again

осади́ть (**д/ж**) *perf* besiege, beset, ply; smooth down

освежа́ть/освежи́ть refresh

освеща́ть/освети́ть (**т/щ**) light, illuminate

освеще́ние illumination, lighting

оскорби́ть (**б/бл**) *perf* insult

осме́литься *perf* venture, be so bold as to

осмотре́ть *perf* look over, inspect

основа́ние foundation, basis

осо́бенный particular; (*arch*) separate

осо́бый special

остава́ться/оста́ться — оста́нется remain, stay, be left

оставля́ть/оста́вить (**в/вл**) leave, abandon

остана́вливать/останови́ть (**в/вл**) stop **-ся** stop, halt

осторо́жный careful

остри́ть/с- be witty, make jokes; *see note to p. 4*

остроу́мие wit

остря́к witty person

отва́жный courageous, brave

отвеча́ть/отве́тить (**т/ч**) **на** + + A answer

отворо́т lapel

отворя́ть/отвори́ть open

отгова́риваться/отговори́ться refuse, excuse oneself *in order to get out of a situation*

отгороди́ть (**д/ж**) *perf* partition off

отдава́ть/отда́ть give up, render

отделе́ние section, department

отде́льный separate

отдыха́ть/отдохну́ть rest

отзыва́ться + I smack of, be redolent of

отка́з refusal, renunciation, self-denial

отка́зываться/отказа́ться (**от** + G) refuse, deny oneself

откидно́й folding, adjustable

откла́дывать/отложи́ть put aside

открове́нный frank, sincere

открыва́ть/откры́ть, open, discover

отку́да where from

отлича́ться distinguish oneself

отнима́ть/отня́ть (от + G) take away from, deprive of

относи́тельный relative

отноше́ние attitude, relationship; (official) report, memorandum
во мно́гих отноше́ниях in many respects
во отноше́нии + G, по отноше́нию к + D in respect of, with reference to

отобе́дать perf finish having dinner

оторва́ть see отрыва́ть

отпира́ть/отпере́ть unlock; о́тпертый ppp

отпоро́ть perf rip off

отправля́ться/отпра́виться (в/вл) set out

отправле́ние here function

отпуска́ться be released

отпускна́я (за́пись) document granting a serf his freedom

о́троду in all one's life

отрыва́ть/оторва́ть tear off

отры́вистый abrupt, jerky

отставно́й retired

отступа́ть/отступи́ть (п/пл) step back

отта́ять perf thaw out

оттого́ because of that

оттолкну́ть perf push away, alienate

отту́да from there

отча́сти partly, to some extent

отча́янный desperate, in despair

отчего́ why

отчёт account, report

отыска́ть — оты́щет perf (coll) find

офице́р officer

охо́та hunting; eagerness

охо́тник hunter; enthusiast

охо́тно readily, willingly

очну́ться perf come to one's senses

очути́ться perf find oneself

оши́бка mistake

П

па́лец, па́льца finger, toe

па́мять f memory

панталóны f pl (arch) trousers

па́па Daddy

пар steam

па́ра pair

па́рус sail

пахну́ть perf puff, waft

паша́ Pasha

паштéт meat pasty

пе́рвый first

перебежа́ть perf run across, traverse

переворотить (т/ч) perf (coll) turn over

переговори́ть perf talk over

пе́ред + I before, in front of

передава́ть/переда́ть pass, transmit

передвига́ть move, shift

пере́дняя anteroom, hall

перекла́дывать intersperse

перекрести́ться see крести́ться

переменя́ть/перемени́ть change, alter

переноси́ть (с/ш)/перенести́ endure, bear

перепи́сывание re-writing, copying

перепи́сывать/переписа́ть re-write, copy

перепуга́ть perf scare, give a fright to

переправля́ть renovate

перере́зывать (coll) cut across, interrupt

переска́зывать re-tell

переу́лок sidestreet

перо́, pl пе́рья, пе́рьев pen

Петербу́рг St. Petersburg former name of Leningrad; петербу́ргский adj пётля, *dim* петлица loop, buttonhole

Петрович, -ева, *etc. poss adj* Petrovich's

печальный sad, mournful

печатный printed

пешеход pedestrian

пинок (*coll*) jab, kick

пирог, *dim* пирожок pie, tart

писарь, *pl* -я clerk

писатель *m* writer, author

письменный стол desk

письмо letter, writing
   чиновник для письма copying clerk

питать feed, nourish; entertain (*a feeling*)

плакать — плачет/за- -ся weep complain, lament; плачась *ger* (*arch*)

платок kerchief, cloth
   носовой п. handkerchief

платье dress, clothing

плачась *see* плакаться

плачевный lamentable, pitiful

плащ raincoat, cloak

плечо, *pl normally* плечи, *arch* плеча shoulder

плита slab, paving-stone

плотный thick

плохой bad

площадь *f* square

по + D along, in accordance with, on account of, by; *in distributive sense see note to* *p. 17*
   по обеим сторонам on both sides
   по вечерам in the evenings

по + P after
   по уходе его after he had gone

по + A up to
   по правую руку on the right

поблагодарить *see* благодарить

побойчее *comp of* бойкий; *see note to p. 5*

побольше somewhat more

побрести — *past* побрёл *perf* make one's way, drag oneself

поважнее somewhat more important; *see note to* *p. 5*

повелитель *m* (*arch*) potentate

повергать (*arch*) throw, put

повесить (с/ш) *perf* hang (*trans*)

повествование narrative

повесть *f* tale, story

поворотить (т/ч) *perf* (*coll*) = = повернуть turn

повторять/повторить repeat

поглядеть *see* глядеть

поговаривать (*coll*) keep on talking about, spread rumours

поговорить *perf* have a talk

погрозить *see* грозить

под + I *or* A under

подавать/подать give, serve, hand in

подальше somewhat farther, beyond

подбежать *perf* (к + D) run up to

подбрасывать/подбросить throw up

подвергнуть *perf* + D subject to, expose, to; подверженный *ppp*

подвернуть *perf* tuck in *or* up

поддержать *perf* support

подёржка hire; *here* wear and tear

подивиться *perf* (*coll*) (+ D) be rather surprised (at)

подкладка lining

подкрепиться *perf* fortify oneself

подле + G beside

подложить *perf* lay down, slip under

подмётка sole

подми́гивать wink; *see note to* p. 5

поднести́ — *past* поднёс, -ла́ *perf* lift up

поднóс tray

подня́ться *perf* rise

подóбно + D *adv* like

подóбный (+ D) similar (to) тому́ подóбные such ничегó подóбного nothing of the kind

подожда́ть *perf* wait

подозрева́ть suspect

подписа́ться *perf* на + A subscribe to

подража́ние imitation, copying

подруби́ть (б/бл) *perf* cut a bit off, dock

подру́га female friend

подсéсть — *past* подсéл *perf* (к + D) sit down beside

подслепова́тый with poor sight, short-sighted

подсмéиваться над + I laugh at, make fun of; *see note to* p. 5

подставля́ть/подста́вить (в/вл) put underneath, put in

подта́чивание patching up *in a rough way*

поду́мать *see* ду́мать

поду́мывать (*coll*) think, wonder

подýть *see* дуть

подчинённый subordinate

подъéзд entrance, porch

подыма́ться (*coll*) rise

пожалéть *perf* be sorry, regret

пожа́ловаться (ов/у) *perf* (на + A) complain, make a complaint (against)

пожéртвование sacrifice

позабыва́ть/позабы́ть *coll* forget

позвóлить *perf* + D permit

пóздно late

поздравля́ть/поздра́вить congratulate

познакóмиться *perf* с + I become acquainted with

позолоти́ть (т/ч) *perf* gild

поигра́ть play, have a game

поистерéться — *past* поистёрлось *perf* become somewhat threadbare

пойма́ть *perf* catch

пойти́ *see* идти́

пока́ while

пока́ не until

показа́ть (-ся) *see* пока́зывать (-ся)

показа́ться *see also* каза́ться

пока́зывать/показа́ть show, demonstrate -ся appear

покáмест (dialect) = пока́

покача́ть *perf* shake

покачну́ть *perf* shake (*once*) п. головóй shake one's head

покóйник, *fem* покóйница dead person, 'the late'

покóйный placid, comfortable

поколоти́ть (т/ч) *perf* (*coll*) beat

покóрный humble, submissive

покоси́ть *see* коси́ть

покриви́ться *perf* become twisted

покри́кивать (*coll*) shout repeatedly *or from time to time*

покрыва́ть/покры́ть cover

покупа́ть/купи́ть (п/пл) buy

покушéние attempt

пол, *loc* -у́ floor к пóлу towards the floor, down

полгóда, *gen* полугóда half-year; *see note to* p. 39

полгóрсти half a handful: *see note to* p. 39

пóле field, open space

полéзть *see* лезть

ползти́/по- crawl; fall away

поли́ция police, police-station

полк regiment

по́лный full; + G or I full of

полови́на half

положе́ние position, situation, state

положи́ть *perf* lay, put (on); (*arch*) determine, make up one's mind

положи́ться *perf* (**на** + A) rely, depend on

полсо́тни fifty; *see note to p. 39*

полтора́ one-and-a-half

полтора́ста one hundred and fifty

полуго́да *see* **полго́да**

получа́ть/получи́ть receive, get

получе́ние receiving

помеща́ться accommodate *or* lodge oneself

помину́тно every minute

по́мнить remember

помога́ть/помо́чь — *past* **помо́г** + D help

помо́и *m pl* slops, dishwater

помо́щник assistant

по́мощь *f* help

помча́ться *perf* rush, speed

помышля́ть (*coll*) think, dream

пона́добиться *perf* (*coll*) be necessary

понапра́сну (*coll*) in vain, to no purpose

по-настоя́щему really, truly

пони́же somewhat lower

пони́кнуть *perf* droop, wilt

понима́ть/поня́ть understand

поно́шепный worn, shabby

поню́хать *perf* sniff

поня́ть *see* **понима́ть**

пообе́дать *perf* have dinner

пообеща́ться *perf* (*coll*) make promises

попада́ть/попа́сть — *past* **по-**

па́л hit the mark, land, find oneself

попада́ться be encountered, crop up

попива́ть (*cool*) drink, hit the bottle

попра́вить (**в/вл**) *perf* repair; **попра́вь** *imperat*

по-пре́жнему as before

попро́бовать (**ов/у**) *perf* try, have a try

попротере́ться — *past* **попротёрлось** *perf* rub through a little

по́пусту to no purpose

попя́тный (*arch*) backward **идти́ на попя́тный (двор)** back out of, go back on

пора́ time
порой, поро́ю at times
на ту по́ру at that time
с тех пор since (then)

пора́доваться (**ов/у**) be glad

порази́ть (**з/ж**) *perf* strike, affect

поросёнок, *pl* **порося́та** young pig

портно́й *noun* tailor; *adj* tailor's

портре́т portrait

поручи́ть *perf* hand over

поры́вистый gusty

поря́док order

поря́дочный decent, respectable

посади́ть (**д/ж**) *perf* sit, seat, mount

посибари́тствовать *perf* indulge oneself (*from Syba-ris, a Greek city noted for the luxury of its life*)

посла́ть *see* **посыла́ть**

после́дний past

после́довать *see* **сле́довать**

послужи́ть *see* **служи́ть**

посме́иваться laugh softly *from time to time*

посме́ть *see* **сметь**

посмея́ться *perf* над + I have
a laugh at
посмотре́ть *see* смотре́ть
поспева́ть be in time
поспе́шно hurriedly
посреди́ + G in the middle
of
поста́вить (в/вл) *perf* place,
put in a standing position,
set up
постановле́ние decree; *(arch)*
law
посте́ль *f* bed
постоя́ть *see* стоя́ть
поступа́ть/поступи́ть (п/пл)
act, enter; *(of a document)*
be received, presented
посту́пок action
посыла́ть/посла́ть —
пошлю́, пошлёт send
потемне́ть *perf* get darker
потеря́ть(-ся) *see* теря́ть(-ся)
потихо́ньку noiselessly,
stealthily
пото́м then, afterwards
потому́ for this reason, because of that
потому́ что because
потре́пливать pat *from time
to time*
потряса́ющий stunning, shat-
tering
потуха́ть die out, fade
потяну́ть *perf* pull, give a
pull at, sniff up -ся drag
out. extend
поутру́ *(coll)* early in the
morning
похвали́ть *perf* praise
похва́льный praiseworthy
похва́статься *perf* (+ I) boast
(about)
похлопота́ть — похлопо́чет
perf go to trouble, bother
похорони́ть *perf* bury
поцелова́ть *see* целова́ть
почему́ why, for what reason
по́черк handwriting
почи́нка mending

почита́ться + I *(arch)* be
considered
почте́нный respected
почти́ almost
почу́вствовать *see* чу́вство-
вать
пошатну́ться *perf* stagger,
reel
пошлёт *see* посыла́ть
пошло́ *see* идти́
пощу́пать *perf* feel
появле́ние appearance
поясни́ца backside
пра́вда truth; *interj* it is true
прави́тель *m* ruler; *(arch)*
manager, chief
прави́тельственный govern-
mental, administrative
пра́во (на + A) right (to)
пра́во *introductory word*
really
пра́вый right
пра́здник festival, holiday; *see
note to p. 10*
пра́здничный festive
пра́чка washerwoman
пре- *superl prefix with adjs*
most
превзойти́ — *past* превзошёл
perf exceed
превосходи́тельство
excellency; *see note to p. 1*
превосхо́дный excellent
пред *(Slavonic)* = пе́ред
предава́ть/преда́ть commit,
give up
-ся give oneself up to,
indulge in
предло́г preposition
предложе́ние proposal, offer,
suggestion
предме́т object
предоставля́ть/предоста́вить
(в/вл) offer, put before,
leave up to
предполага́ть suppose
предприя́тие enterprise

109

**представля́ть/предста́вить
(в/вл)** present; **п. себе́**
imagine
-ся present oneself, appear
предчу́вствовать ·(ов/у) have
a presentiment
пре́жде before, beforehand,
first, formerly
п. всего́ first of all
п. как cj (*normally* **п. чем**)
before
пре́жний former, previous
преклоня́ть на + A (*arch*)
dispose toward, persuade
прекраща́ть/прекрати́ть (т/ц)
put an end to, cease
преогро́мнейший most
enormous; *see note to p.1*
прете́нзия claim, pretension
при + P at, in the presence
of, *etc.*
при встре́че on meeting
при све́чке by the light of
a candle
при всём том nevertheless
прибавля́ть/приба́вить (в/вл)
add
прибавле́ние addition
прибежа́ть *perf* come running,
run up to
**приближа́ться/прибли́зиться
(з/ж) к** + D come near to,
approach
привести́ — *past* **привёл** *perf*
lead, bring; cite, quote
приве́тствовать (ов/у) give
greetings to, welcome
привиде́ние apparition, ghost
привыка́ть/привы́кнуть—*past*
привы́к (к + D) get used to
**приглаша́ть/пригласи́ть
(с/ш)** invite
пригова́ривать say *at the
same time as one does
something else*
приде́рживать hold, keep
a hold on
приду́мать *perf* think up,
devise

прие́зжий newcomer, visitor
прие́м reception; way of going
about things
приёмная reception room,
waiting room
прие́хать *perf* come, arrive
признава́ть — **признаёт/при-
зна́ть** — **призна́ет** (+ I)
recognize, acknowledge (as),
consider
-ся admit
призыва́ть/призва́ть call,
summon
прийти́(-сь) *see* **приходи́ть
(-ся)**
приказа́ние order
прика́зывать/приказа́ть
(+ D) **order**, command
прикрепи́ть (п/пл) *perf* **к** +
D fix on to
прикры́тие covering,
protection
прилгну́ть (*coll*) tell a fib
прилипа́ть (к + D) adhere (to)
прили́чный decent, fitting
приложи́ть *perf* apply, enclose,
append; *here also* expend
применя́ться к + D adapt
oneself; *here* refer to, com-
pare
приме́р example
примеча́ть/приме́тить (т/ч)
(*coll*) notice, pay attention to
примо́лвить (в/вл) *perf* (*coll*)
add *in speaking*
приморо́женный *ppp* slightly
frostbitten; *see note to p. 39*
принадлежа́ть + D belong to
принести́ — *past* **принёс** *perf*
bring; **принесённый** *ppp*
принима́ть/приня́ть — **приму́,
при́мет** take, accept, receive
п. за + A take for, mistake
for
принима́тьс. за + A get down
to (*work*)
приобрести́ — *past* **приобрёл**
perf obtain, acquire
припа́док fit, attack
припа́рка poultice

припоминать/припомнить recollect, recall

природа nature

присоединиться *perf* к + D join

приставка putting on

приставлять/приставить (в/вл) put up against

пристально fixedly, intently

пристраиваться settle down

приступить (п/пл) *perf* (*arch*) come close up to

присутственное место (*arch*) government office

присутствие presence; (*arch*) government office

комната присутствия 'audience chamber'

присутствовать (ов/у) be present

притом besides, moreover

приучиться *perf* accustom oneself

прихлёбывать sip

приходить (д/ж)/прийти — придёт come, arrive
-ся *impersonal* + D have to, have occasion to
-ся + D be suitable, be apt, fit
пришлась ему по плечам fitted his shoulders

прихожая entrance hall

прихоть *f* caprice, fancy

причём during which, at the same time

причина cause, reason
по причине + G on account of

пришлась *see* приходиться

прищурить *perf* screw up (*one's eyes*)

приятель, -ница friend

приятельский friendly

приятный pleasant

про + A (*coll*) about

проводить (д/ж)/провести — *past* провёл lead through; pass (*time*); проведённый *ppp*

провозиться (з/ж) *perf* (*coll*) spend a certain time working at, fussing over

проговорить *perf* say

продевать/продеть put through, thread

продолжать continue, go on

продолжение continuation
в продолжение in the course of

проезжать/проехать drive or ride past

прожить *perf* live *for a specific time*

производить (д/ж)/произвести — *past* произвёл produce

произносить (с/ш)/ произнести — *past* произнёс pronounce, utter; произнесённый *ppp*

происходить (д/ж)/произойти — *past* произошёл happen, take place, be derived from

происхождение origin

происшествие event, occurrence

пройти *see* проходить

пройтись *perf* have a walk

пролетать/пролететь (т/ч) fly through *or* along

пронестись *perf* rush, spread

пронзить (з/ж) *perf* pierce, transfix; пронзённый *ppp*

проникать/проникнуть penetrate, permeate

проницаемость *f* penetration, perspicacity

пропасть — *past* пропал *perf* disappear

пропекать/пропечь bake thoroughly; *here* strike through, get at

прописать *perf* prescribe

пропускать/пропустить (ст/щ) omit, let pass, miss

прорезать — прорежет *perf* cut through

111

просить (с/ш)/по- ask, invite, request
проспект avenue
простирать extend
проститься (ст/щ) *perf* с + I say goodbye to, take leave of
простодушный simple-minded, artless, naive
простой simple, ordinary, mere
пространство space; *here also* distance
простуда chill, cold
просьба request, petition
протекать flow past, pass
протереть *perf* wipe, rub (dry), rub through
против + G against, opposite, contrary to
   против ночи (*arch*) as night was coming on
противный (*bookish*) opposite
противу (*arch*) = против
проткнуть — проткнёт *perf* pierce, poke through
проходить (д/ж)/пройти — *past* прошёл go along, pass by or through
прочесть — прочтёт *past* прочёл *perf* (= прочитать) read
прочий other
прошла *see* пройти
пряжка clasp, buckle; *here* a long-service badge
прямой straight, upright
пуговица button
пульс pulse
пункт point
пускай = пусть
пустить (ст/щ) *perf* let go, permit, release, set; (*coll*) stick on
   -ся (*coll*) set off
пустынный deserted
пустыня desert, wilderness
пусть *pcle* may, let
   пусть бы ещё even if it had been

путаться/с- be confused, mixed up
путь, пути *m* way, path
пучиться swell up
пучок bundle
пушинка piece of fluff
пыль f dust
   пускать пыль в глаза put on airs to deceive someone
пьяный drunk

Р

работа work, workmanship
работать work
раз a time, once
   раза три about three times
   в первый раз for the first time
   ещё раз once again
   как раз just, exactly
разбирать sort out, look into
разбор analysis
   без разбора indiscriminately
разве *interrog pcle* is it possible that..? isn't there...?; *with* если perhaps
   р. только except
развернуть *perf* unroll
   -ся (*coll*) let oneself go
развлечение enjoyment, relaxation
развлечься *perf* amuse oneself
разговаривать converse, talk
разговор conversation
разговориться *perf* (*coll*) get deep into conversation
разделять/разделить divide, separate
разинуть *perf* open wide
   разинув рот with mouth agape
разлететься *perf* fly to pieces
различать/различить distinguish, make out
разложить *perf* lay out
разместить (ст/щ) *perf* place, lay out

размышле́ние reflection, meditation
разнести́ — past **разнёс** perf distribute, scatter
ра́зница difference
разнообра́зный varied
ра́зный various
разойти́сь — past **разошли́сь** perf disperse, dissolve
разуме́ется naturally, of course
ра́но early
ра́ньше sooner
распека́ние dressing-down, reprimand
распе́чь — past **распёк** perf give a dressing-down to; **распечённый** ppp
распла́ти́ться (т/ч) perf pay up, settle an account
расползти́сь — past **распо́лзся, расползла́сь** perf fall to pieces; **распо́лзшийся** pp active
расположе́ние disposition, mood
р. ду́ха frame of mind, mood
расположи́ться perf make arrangements
распоряже́ние disposition, instruction
распределя́ть/распредели́ть distribute, allot
распространя́ться/распространи́ться spread
распу́хнуть — past **распу́х** perf (coll) swell up
рассе́ивать disperse
рассе́янность f distraction, absent-mindedness
расска́зывать/рассказа́ть tell, relate
рассма́тривание consideration, examination
рассма́тривать/рассмотре́ть consider, examine, make out
расспра́шивать question
рассуди́тельный reasonable, sober-minded

рассуди́ть (д/ж) perf think, consider
рассужда́ть reason, discuss, argue
рассужде́ние reasoning
в рассужде́нии + G (arch) with regard to
рассыпа́ть/рассы́пать — **рассы́плет** scatter
растопы́рить perf spread wide
растрепа́ть — **растре́плет** perf dishevel, ruffle
рве́ние zeal, enthusiasm
ребёнок child
ревизова́ть (ов/у) imperf and perf inspect, audit
ре́вностный zealous
ре́дкий rare, infrequent; **ре́же** comp
ре́зать — **ре́жу, ре́жет** cut
речь f speech; pl words
реше́ние decision
решётчатый latticed; here made of basketwork
реши́тельно decisively, definitely, absolutely
реши́тельный decisive, drastic
реши́ть perf decide
-ся make up one's mind
ро́бкий timid
ро́бость f timidity
ро́вный even; (coll) = **ра́вный** equal
род kind; family, generation
како́го ро́да what kind of
от роду in all one's life
роди́льница mother of newly-born baby
роди́ться perf and imperf be born
ро́жа (coll) face, 'mug', grimace
рожо́к dim of por horn; snuff-horn
роково́й fateful
романти́ческий romantic
роско́шный luxurious

рост growth, stature
   вы́ше ро́стом taller
рот, рта *loc* **рту** mouth
руба́ха (*now the dim* **руба́шка** *is normally used*) shirt, nightshirt
рубль *m* rouble
рука́ hand, arm
   из рук вон (пло́хо) no good *at all*
рука́в; *pl* **рукава́** sleeve
Русь *f* (*arch*) Russia
ру́чка *dim of* **рука́** hand, handle
ры́ба fish
ры́жий red, ginger (*of hair*); **рыжева́т** *see note to* *p. 1*
ры́ло snout, (*vulg*) 'mug'
рысь *f* trot
рябизна́ pock-marks
рябо́й pock-marked; **рябова́т** *see note to* *p. 1*
ряд row

С

с, со + G off, from, since
с, со + I with
с, со + A about the same size as; *see note to* *p. 11*
-с sir; *see note to* *p. 14*
сади́ться (д/ж)/сесть — *past* **сел** sit down, get on (*a vehicle*)
сам, сама́, само́, са́ми oneself
   сам собо́й by oneself
   он сам не свой he isn't himself
самова́р urn with internal heater for boiling water to make tea
са́мый very, most
   тот са́мый the very same
са́ни *f pl, dim* **са́нки** a sledge
сапо́г, *gen pl* **сапо́г** boot
сапо́жник cobbler
сбива́ть/сбить knock off
   -ся wander off, stray, lose the way

сва́дьба wedding
све́жий fresh
свезти́ — *past* **свёз, -ла́** *perf* take away
сверка́ть glitter
сверну́ть *perf* roll up
свет light, world, 'society'
свети́ть (т/ч) shine
светло́ it is light
све́тлый light, radiant
све́тский secular, worldly; of 'society'
   с. челове́к man of the world (*arch*)
све́тскость *f* gentility, good breeding
свеча́, *dim* **све́чка** candle
свире́пый ferocious
свиста́ть — **сви́щет** *or* **свисте́ть (ст/щ)** whistle, tootle
свобо́да freedom
свой one's own
связа́ть — **свя́жет** *perf* tie up, hamper, embarrass
свято́й holy
свяще́нный sacred
сгово́рчивый compliant, tractable
сда́ча dealing (*of cards*)
сде́лать *see* **де́лать**
сдёргивание pulling off
сдёргивать/сдёрнуть pull off
сдира́ть skin, strip off
себя́, себе́ oneself
се́верный northern
сей, сия́, сие́, *pl* **сии́** (*arch*) this
секрета́рь *m* secretary
сел *see* **сади́ться**
семе́йство family
   оте́ц семе́йства paterfamilias
семидесятиле́тний seventy-year-old
сена́т Senate
се́но, *dim* **сенцо́** hay
серде́чный hearty, cordial, intimate
серди́тый angry, irritable

серди́ться (д/ж)/рас- (на + A) be angry, annoyed (with)
се́рдце heart
серебро́ silver
сере́бряный of silver
середи́на middle
серпя́нка kind of coarse gauze, cheesecloth
се́рый grey
сжима́ть/сжать — сожмёт compress
сза́ди adv behind, from behind
сиву́ха raw brandy
сига́ра, dim сига́рка cigar
сиде́ть (д/ж) sit
си́ла strength, power, force
не в си́лах incapable
си́льный strong, powerful
сим see сей
систе́ма system
сию́ see сей
сказа́ть see говори́ть
сквернохру́льничать curse and swear; see note to p. 36
сквози́ть let through (draught, light, etc.)
скида́ть (normally скиды- вать)/ски́нуть (coll) throw off, take off
скла́дчина subscription, collection
ско́лько + G how much, how many
ско́лько ни however many
ско́лько-нибудь something (at least), in any way, to any extent
сконфу́зиться (з/ж) perf be abashed, awkward
скоре́е comp of ско́ро sooner, rather
скоровре́менно (arch) quickly, too soon
скоропости́жно (arch) suddenly
скрипе́ние squeaking, scratching

скро́мность f modesty
скры́тый concealed
скрыть — скро́ет perf conceal from view
-ся disappear, hide
ску́чный boring, dull
сла́ва fame, glory; (coll) rumour
рабо́тать на сла́ву work magnificently
олёг see слечь
слегка́ slightly, gently
след track, trace
сле́довать (ов/у)/по- (за + I) follow, ensue; impersonal with dative be necessary, proper, ought
как сле́дует as is fitting, properly, decent
не сле́довало бы one ought not to have
сле́дующий following, next
слеза́, pl слёзы tear
слечь — past слёг, -ла́ perf (coll) take to bed
сли́вочник cream-jug
сли́ться — сольётся perf flow together, blend
сли́шком too (much)
сло́во word
сло́вом in a word
слог syllable; style
слуга́ m servant
служа́нка servant-girl
слу́жба service, work, office
служи́ть/по- + D serve, work; + I serve as, be
с. кому́-либо чем-либо serve someone as something
с. на что́-л. do service for/ /as something
слух hearing, rumour
слу́чай chance, occasion, incident
при сем слу́чае (arch) on this occasion
на (вся́кий) слу́чай just in case

случаться/случиться happen (to be), come about

слыхать (*coll*) hear (*frequently*); *past tense commonly used instead of* слышать *after negative*

слыхивать *no present* hear (*frequently*) (*coll*)

слышать/слышит/у- hear; (*fig*) be conscious of, feel; услыша *perf ger* (*arch*) -ся be heard

слышный audible; *as pred* can be heard

смазливый (*coll*) pretty, comely

смекнуть *perf* (*coll*) realise, grasp

смерть *f* death

сметь - смеет/по- dare, venture

смех laughter, amusement

смешаться *perf* become mixed, confused

смиренный humble, meek

смотреть/по- (+ A, *or* в *or* на + A) look at, glance at; think of; за + I keep an eye on, watch, look after

смутиться (т/щ) *perf* be confused, embarrassed

смутный vague, dim

сна *see* сон

сначала at first

снег, *loc* -у snow
он был весь в снегу he was all covered in snow

снести — снесёт *past* снёс *perf* take away

снестись *perf* с + I get in touch with; снесясь *ger*

снимать/снять take down, take off

собирать/собрать gather, collect
-ся gather, meet

собственный own, personal

совать — сую, суёт slip, thrust

совершенно completely, absolutely

совершенный complete

совет advice, counsel, council

советник councillor

совсем quite, completely, (not) at all

соглашаться/согласиться (с/ш) agree

содрогаться shudder

сожаление regret
к сожалению unfortunately

сойти *see* сходить

солдат soldier

солидный imposing, dignified

сомнение doubt

сон, сна sleep, dream

сообразный с + I in conformity with

сообщать/сообщить communicate, impart

сопровождать accompany

соразмерный (+ D *or* с + I) proportionate (to)

сорок, сорока forty

сословие class, body of people of similar birth or occupation

сосновый pine-wood

составлять/составить (в/вл) make up, constitute

состояние state, condition

состоять — состоит (в + P *or* из + G) consist (in *or* of)

сострадание compassion

сохраняться be preserved, remain

сочинение composition, work

сочинитель *m* (*arch*) writer

сошедший, сошёл *see* сходить

сошью *see* сшить

спасение salvation

спать — сплю, спит sleep

сперва (*coll*) (at) first

спеши́ть/по- hurry

спина́, *dim* спи́нка back; *dim* back of chair

спиртуо́зный (*coll, facetious for* спиртно́й) of alcohol, spirits

списа́ться *perf* arrange by letter; спиша́сь *ger* (*arch*)

сплётня gossip

споко́йствие calm

спо́рить/по- argue

спосо́бность *f* capability, ability, faculty

справедли́вость *f* justice, fairness

спра́шивать/спроси́ть (с/ш) ask, enquire

спря́тать — спря́чет *perf* hide

спустя́ afterwards, later

спу́таться *see* пу́таться

сравне́ние comparison

срам shame

    стыд и срам for shame!

среди́ + G among, amid, in the middle of

сре́дство means, remedy

ста́вня shutter

стака́н glass, tumbler

становви́ться (в/вл)/стать — ста́нет become; *past* begin ста́ло быть therefore, that means

    во что́ бы то́ ни ста́ло at all costs

стара́ние effort

стара́ться/по- try, endeavour

стари́нный old, ancient

ста́рость *f* old age

стару́ха, *dim* стару́шка old woman

ста́рый, *dim* ста́ренький old

ста́тский сове́тник State Councillor; *see note to p. 1*

стать *see* станови́ться

стащи́ть *perf* drag off, steal

стёгание quilting

стена́ wall

сте́пень *f* degree

    до тако́й сте́пени to such an extent, so much

сто́ить + G *or* A cost, be worth

стол table, desk

столонача́льник senior clerk

сто́лько + G so much, so many

сто́рож, *pl* -а́ watchman, porter

сторона́ side, direction

    с его́ стороны́ on his part

    по сторона́м on all sides

стоя́ть — стои́т/по- stand; на + P be firm on, stick to an opinion; сто́я *ger*

страни́ца page

стра́нный strange, odd

страх fear, terror

стра́шный terrible, terrifying, dreadful

стрела́ arrow

стремёшка trouser-strap going under the instep

стреми́ться (м/мл) rush, aspire to, crave for

стро́гий strict; строжа́йший *superl*

стро́гость *f* strictness, discipline

стро́ить/по- build

строка́ line (*of writing*)

струя́ jet, stream

стряхну́ть *perf* shake off

стук knocking

    стук в дверь knocking at the door

стул, *pl* сту́лья, сту́льев chair

ступа́ть step; *imperat* (*coll!*) clear off!

стыд shame

сты́дный shameful

    ему́ сты́дно he is ashamed

суббо́та Saturday

су́дарь *m* (*arch*) sir

суди́ть (д/ж) judge, destine;
су́жденный ррр
судьба́ fate, destiny
сукно́ cloth
су́мма sum
супру́г *m*, супру́га *f* spouse
су́тки *f pl, gen* су́ток a day,
twenty-four hours
полтора́ су́ток a day and
a half, 36 hours
суха́рь *m* rusk, kind of bi-
scuit
существо́ being, creature
существова́ние existence
существова́ть (ов/у) exist
схвати́ть *see* хвата́ть
сходи́ть (д/ж)/сойти́ — *past*
сошёл go or come off, go
down, descend; соше́дший
pp active
сходи́ть (д/ж) *perf* go there
and back in a short time,
go to see
счастли́вый happy
счита́ть (+ I) count, consider (as)
сшиби́ть — сшибу́, сшибёт
past сшиб, -ла *perf (coll)*
knock off
с. с ног knock down
сшить *see* шить
сын, *pl* сыновья́ son
сы́пать — сы́плет scatter,
strew
сюда́ here, hither

Т

таба́к, *part gen* -у́ tobacco
ню́хательный т. snuff
табаке́рка tabacco-box,
snuff-box
тавли́нка *(arch)* snuff-box
made off bircr-bark
та́йный secret, privy; *see note to p. 1*
так so, thus, like that
так же... как... (just) as...
as...

так и just, simply
так как as, since
так что so that
та́кже also
тако́в, такова́, etc. such, *as
pred*
тако́й such
что тако́е, кто тако́й *see
note to p. 12*
та́к-то well, there you are!
тарака́н cockroach
твёрдый firm; твёрже *comp*
те *see* тот
теа́тр theatre
те́ло body
теля́тина veal
темнота́ darkness
тепе́рь now
тепе́рь же right away
тёплый warm; тепло́ *adv*
тере́ть — тру, трёт *past* тёр,
-ла wipe, rub
теря́ть/по- lose; waste
-ся lose oneself; lose one's
head
ти́тул title, title-page
титуля́рный сове́тник Titular
Councillor; *see note to p. 1*
ти́хий quiet; slow
ти́хость *f (bookish)* quietness
то *pron see* тот
то *cj* then, *often not translated*
а то *see* а
то... то... now... now...; at one
moment... at another...
-то *emphatic pcle see notes
to pp. 1, 2, 8*
това́рищ comrade, colleague
тогда́ then
того́ *(coll) meaningless exple-
tive* eh, er, thingummy
то́же also
толк sense; talk, rumours
сбить с то́лку bewilder,
sweep off one's feet
толка́ть/толкну́ть push,
shove, nudge

толковáть (ов/у) reason, explain

толпá crowd

тóлстый thick

тóлько only
   тóлько что just (newly)
   как тóлько as soon as
   где тóлько wherever

том, pl -á volume

том see also тот

тóшнуть perf stamp
   т. ногóй stamp one's foot

торжéственный solemn, triumphant, festive

тот, та, то, pl те that, the latter
   тот же the same
   одúн и тóт же one and the same
   тó есть that is, i.e.
   к томý же moreover

тóтчас right away
   тóтчас же immediately

тóчно exactly; (arch) truly

тóчный exact, precise; (arch) just like

тóщий, dim тóщенький emaciated, very thin, scant

трáтить (т/ч)/ис- spend
   -ся have a lot of expense

трéбовать (ов/у)/по- (+ G) demand

тревóжить/вс- disturb, trouble

трéзвый sober

трéтий, трéтья, etc. third

трóе, трóйх, etc. collective numeral three

трóнуть — трóнет perf touch, affect

тротуáр pavement

трýбка pipe

трубочúст chimney-sweep

труд labour. trouble

трýдный difficult

трухтуáр vulg pronunciation of тротуáр

тудá to there. thither

турéцкий Turkish

тут here, there
   тýт же there and then
   тýт-то just at this point

у

у interj of fear

у + G at
   у себя дóма at one's own home

убивáть/убúть — убьёт kill; spoil

убрáть perf here deck out, drape (coach-box with a hammer-cloth)

уважéние respect

уверять/увéрить assure
   -ся be convinced

увúдеть (д/ж) perf see, catch sight of; увúдя ger

угодúть (д/ж) perf + D please

угóдно pleasing, necessary
   что вам угóдно? what can I do for you?

удáчный successful

удéрживать/удержáть keep, detain
   -ся refrain

удивúтельный astonishing

удовóльствие pleasure

уединéние seclusion

уединённый secluded, solitary

уéсть — past уéл (vulg) exasperate

уж emphatic pcle see notes to pp. 3, 4

ýжас terror, horror

ужáсный terrible

ужé adv already; emphatic pcle see note to pp. 1, 34

ýжин supper

ýзкий, dim ýзенький narrow

узнáть perf get to know, find out. learn; recognise

укрепúться (п/пл) perf (за + + A) strengthen; here fix (to)

ýлица street

улыба́ться/улыбну́ться smile
ум mind, intelligence
   прийти́ на ум come into
   one's head
   сойти́ с ума́ go off one's
   head
умасти́ть (ст/щ) *perf* (*arch*)
   anoint
уменьша́т/уме́ньшить
   reduce
   -ся get smaller, diminish
умере́ть — *past* у́мер, -ла́
   die
уме́ть — уме́ет/с- know how
   to, be able to
умоля́ть plead, implore
уничтожа́ть/уничто́жить de-
   stroy, crush
уноси́ть (с/ш)/унести́ carry
   away
упа́сть — *past* упа́л *perf* fall
упоённый delighted
употребле́ние use
употребля́ть use
   как употребля́ется as is
   usual
упрёк reproach
упря́тать — упря́чет *perf*
   (*coll*) hide away
упуска́ть/упусти́ть (ст/щ)
   omit, miss the opportunity
урони́ть *perf* drop; let down,
   discredit
ус whisker; *pl* усы́ a moustache
уси́ливать/уси́лить increase
   -ся intensify, grow stronger
ускоря́ть/уско́рить accelerate,
   hasten
услу́жливый helpful
услы́шать *see* слы́шать
усмеха́ться/усмехну́ться
   smile, grin
успе́ть *perf* have time, suc-
   ceed
успе́шный successful
успока́ивать/успоко́ить calm,
   reassure

устава́ть — устаёт/уста́ть —
   уста́нет get tired
уста́вить (в/вл) *perf* set, accommodate; уста́вленный
   ppp laden
устро́йство structure
уступа́ть/уступи́ть (п/пл)
   yield, concede, lower the
   price
усы́ *see* ус
утащи́ть *perf* carry off, steal
утончённый refined
у́тро morning
   у́тром in the morning
утружда́ть/утруди́ть (д/ж)
   trouble
уты́кать — уты́кает *perf*
   (*coll*) stick *e.g.* pins (*all*
   over)
ух *interj* ugh
ухвати́ть (т/ч) *perf* grab
у́хо, *pl* у́ши ear; eye of needle
   (*normally dim* у́шко)
ухо́д departure
учи́ться/на- + D learn

Ф

фавори́т (*bookish*) favourite
фа́лда tail (*of coat*)
Фальконе́тов *poss adj from*
   Falconet (*a sculptor*); *see*
   note to *p. 8*
фами́лия surname
фами́льярный over-familiar
фантасти́ческий fantastic
фигу́ра figure, shape
фле́йта flute
фона́рь *m* lamp, lantern
фра́за phrase, sentence
фрак frock-coat
фри́зовый of rough, heavy
   woollen cloth

X

хала́т dressing-gown
хара́ктер character
характе́рный characteristic

характерный (coll) endowed with strong character
хвата́ть/свати́ть (т/ч) seize, grasp, grab
хвата́ть/хвати́ть (т/ч) + G suffice, be enough
хвост tail
хлеба́ть sup
хлобу́чить (rare) turn up like a hood (клобу́к)
хло́поты f pl trouble, bother
ход course
хода́тайство intercession, pleading on someone's behalf
ходи́ть (д/ж)/пойти́ go, walk
  ходи́ть в сапога́х to wear boots
хозя́ин, pl хозя́ева host, landlord
хозя́йка landlady, housewife
хоро́шенький pretty; see also хоро́ший
хороше́нько (coll) pretty thoroughly, properly
хоро́ший, dim хоро́шенький good; sincere
хоте́ть — хо́чет/за- want, intend
  -ся impers + D want
хоть cj even, at least
  хо́ть и or хотя́ и although emphatic
хотя́ although, even if, if only
хохота́ть — хохо́чет guffaw
худо́й bad

Ц

царь m Tsar, emperor
цвет, pl цвета́ colour
  цвет лица́ complexion
целова́ть (ов/у)/по- kiss
це́лый whole
цель f aim, goal
цена́ price
церко́вный church, ecclesiastical

це́рковь, це́ркви church
цы́почки — на цы́почках on tip-toe

Ч

чай, part gen ча́я or ча́ю tea
час, loc -у́ hour
  то́т же ча́с straight away
части́ца particle
ча́стный private
ча́стный (при́став) police superintendent in charge of a city district (часть) made up of several кварта́лы
ча́сто often
часть f part
  бо́льшею ча́стью chiefly
ча́ще comp of ча́сто
ча́яние (bookish) expectation, hope
чего́ (vulg) what for?
челове́к man, person, Man
чем than
чепе́ц, dim чепчик bonnet
че́рез + A over, across
  ч. ка́ждые де́сять страни́ц every tenth page
  ч. неде́лю after or in a week, a week later
  ч. то́ cj (arch) as a result of this
че́реп skull; here shell
черепа́ха tortoise
черне́ть appear black
черни́ла n pl ink
чёрт, pl че́рти devil
черта́ feature, trait
че́стный honourable, honest
честь f honour
четвероуго́льный (now normally четырёхуго́льный) rectangular
четвёртый fourth
  четвёртого дня three days ago
четы́реста, instr четырьмя-ста́ми four hundred

чин rank; *see note to* p. 2
чиновник (*arch*) official, civil servant
  ч. для письма copying clerk
чиновница civil servant's wife
чиновничий, чиновничья, etc. *poss adj* civil servant's
чиновный *adj* official, civil service
чистосердечный open-hearted, genuine
чистый clean
читатель *m* reader
читать/прочитать *or* прочесть read
чихать/чихнуть sneeze
чрез (*arch*) = через
чрезвычайно extremely
чрезвычайный extraordinary
что *pron* what, which; *cj* that
  что такое... what is...?
  что ты? *interj* what (on earth) are you saying?
чтобы, чтоб that, so that, in order to
что-либо anything
что-нибудь something, anything
что-то something
чубук chibouk, long-stemmed pipe
чувство feeling; *pl* senses
чувствовать (ов/у)/по feel
чудиться по- *or* при- + D of person seem to see, imagine
чудной (*coll*) strange, bewildering
чуждый foreign, alien
чужой other people's, not one's own
чулок stocking
чуть не almost, nearly
чутьё sensitivity, feeling for, flair
чухонька (*arch*) Finnish woman

Ш

шаг step, stride
шампанское (вино) champagne
шапка cap; hatful
швейцар porter, door-keeper
швейцарская as *noun* porter's lodge
швея seamstress
швом *see* шов
шёлк, *part gen* -у *loc* -у silk
  на шелку with silk
шёлковый of silk
шельма rogue, rascal
шестнадцатилетний sixteen-year-old
шея neck
шинель *f*, *dim* шинелька, *contemptuously* шинелишка greatcoat, *at this period a long heavy coat with shoulder cape*; шинельный *adj*
широкий wide
шить — шью, шьёт/с- sew
шлёпнуться *perf* tumble
шляпа, *contemptuous dim* шляпёнка hat
  дело в шляпе the deal is made
шов, шва seam, stitch
штука article, piece; *see note to* p. 37
штурмовой (*military*) assault; a kind of whist
шуба fur coat; *see note to* p. 38
шум noise, sound
шуметь (м/мл) make a noise, *e.g.* hiss
шумный noisy; creating a sensation
шурин brother-in-law
шутка joke
шьют *see* шить

Щ

щади́ть (д/ж)/по- spare
щека́, *pl* щёки cheek
щелчо́к fillip, *here* nip
щель *f* crack, chink
щи *f pl, gen* щей cabbage-
soup

Э

эй hey
э́кстренность *f* urgency,
special measures
эспаньо́лка short, pointed
beard
эта́ж storey
э́так (*vulg*) = так

э́такий (*vulg*) = тако́й
э́таков (*vulg*) = тако́в
э́тот, э́та, э́то, э́ти this
эффе́кт effect, impression
made on someone

Я

явле́ние phenomenon;
(*theatre*) scene
явля́ться/яви́ться appear,
present oneself
язы́к tongue, language
я́сный clear
я́щик, *dim* я́щичек box,
drawer